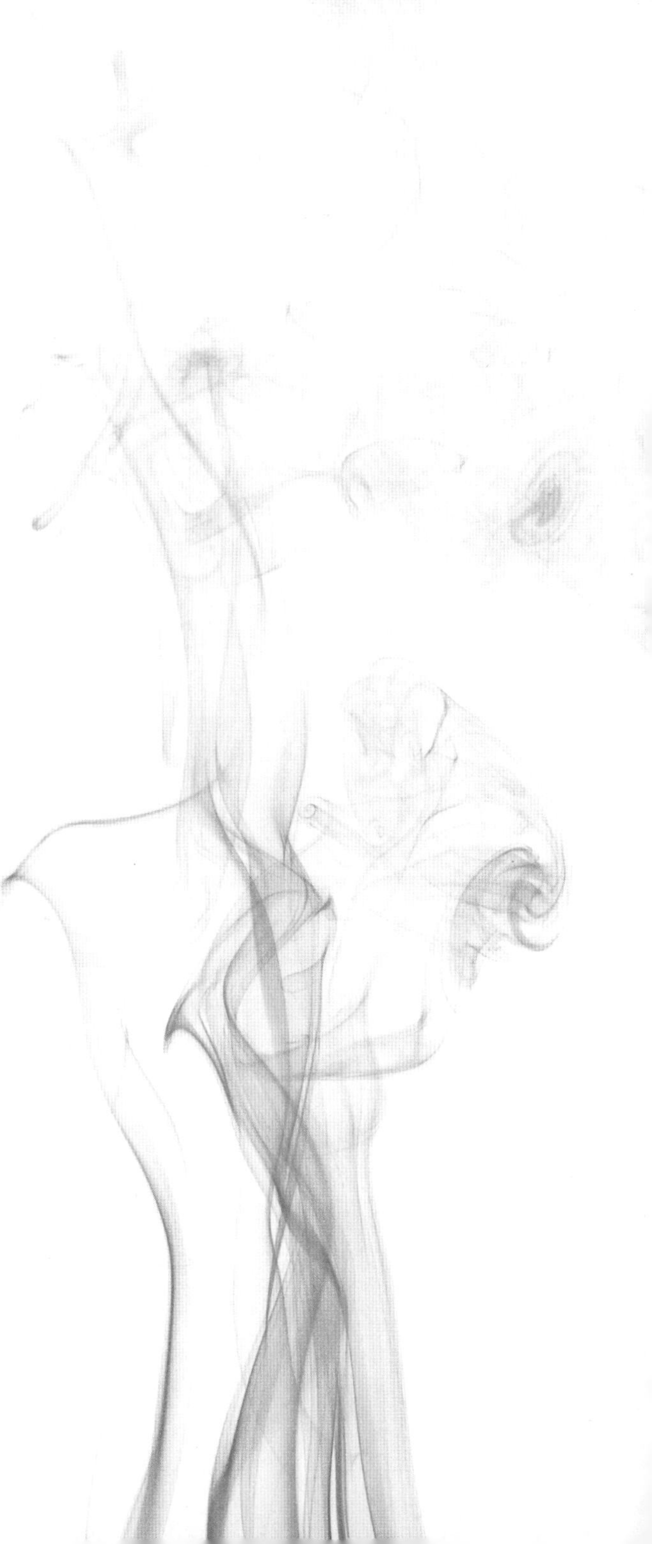

心淨煙供

除障積福最強大之法

堪祖蘇南給稱仁波切
不丹布薩祖古
伏藏王多傑林巴 傳承

張福成◎譯

目次

2 山淨煙供法本內文詳解 75

【作者序】

山淨煙供的重要性

為什麼現代人最好能修持山淨煙供呢？

就煙供的修法而言，其意義不僅只是將煙燃燒起來而已，而是可以累積資糧及消除罪障，特別是在袪除障礙方面，山淨煙供法是最爲簡便易行，而且效益極爲廣大，是非常重要的一個法門。

輪迴的眾生，內心皆有煩惱障與所知障。因爲內心有愚癡及我執之故，所以在日常生活中，往往會依賴於現世內心的愚癡及我執，再加上自己前世所造作的業力，於食衣住行及言談舉止中，身口心三門所做出的行爲就會產生許多的錯誤；而在自己不瞭解的情況下，這些錯誤往往會形成許多的障礙，導致了許多痛苦及引來災難。然而，每天都有衣食住行及身口心三門的行爲，對於這些不可避免而且一定會發生的障礙，我們如何將其消除，則顯得格外地重要，而能把這些障礙消除掉的最殊勝方法就是煙供。

譬如說：有一條河流流經此地，大家都靠這條河流來生活，根據經驗此地在某個時節會有暴雨來襲，而且以前也曾經發生過暴雨來襲，因河水氾濫而造成了許多的傷害。因此在大家都已知道的前題下，是否應先做好預防呢？河水氾濫何時會發生要視氣候變化而定，但如能事先做好預防措施，先建造好引水的溝渠及河壩，就可以不用耽心災難何時會發生；倘若眞的發生了，傷害也可以減到最小，這是因爲已經做好防範。災難不是不會發生，而是已做了預防，所以防範就顯得非常的重要。

如同前面所談，在日常的衣食住行裡，我們身口心三門製造了許多惡業及障礙，但無法得知這些障礙在未來的何時會出現，唯有在障礙及災害還沒發生前，先想一個辦法、做好準備，把傷害盡可能減到最小；而預防障礙發生及讓傷害減低，或是驅逐障礙最好的方法就是煙供。所以修行者最好能每日清晨做煙供的修持。

實修煙供儀軌容易且成效大，是快速積資淨障的法門。在每天的生活中都會產生許多障礙的情況下，若能每日努力花一些時間將障礙消除掉，是非常重要的。暫且不論成就佛果的久遠目標，即便是在獲得眼前的利益上，例如：身體少疾病、事情順利少障礙、生活經常處於吉祥之中，這是非常好的，這也就是修煙供最直接且快速的功德。

有許多人不知道此煙供修法，更不知道如何來防範障礙。比方說出門在路上出了車禍，或是當冤親債主來討債而霉運連連時，這些情況平時都有可能會發生，這是因爲自己以前所累積的業因，當因緣成熟時，障礙就會出現；若能事先做好防範，也許障礙就不會發生，而且也因爲自己努力之故，即使發生障礙了，也能把傷害減到最小，這是一定會有的成效。希望大家瞭解之後，能重視煙供儀軌，並且努力實修，至少在障礙發生的時侯，我們已經有所防備，也能將傷害減到最小。

嘎瑪恰美仁波切曾說過，有些修法有錯誤時，可以修持百字明或是以懺罪法來補救；但是修持煙供如果有錯誤，則會導致許多的危險。因爲在修煙供法時，會迎請來眾多賓客，獻上供養後，會布施給鬼怪邪祟、地基主、五守舍神及魑魅魍魎，若是修法的人念頭及想法動機不正確，或是儀軌法義、煙供步驟次第錯誤，因爲所迎請的都是世間的神祇，他們能感知修法者所犯的錯誤，可能因而憤怒生氣，而導致修法者的不吉祥與災難。

現今社會隨處可以看到煙供法本，在不丹，將煙供視爲一個極嚴肅的教法；嚴肅的意思就是要很謹慎地去修持，行者如果沒有以正確的思維來修持，則會導致修法者受到傷害。比如：要修持煙供時，在修法前最好不要食用肉、酒、蔥蒜之類的食物，這會影響修法的成效；最好是茹素。如果修法者爲葷食者，也最好於修法圓滿後再食用葷食。此外，在修持煙供的物品準備方面，也是有許多要求的，比如，失去丈夫一年內的寡婦或是女子月事來時不能碰觸供品，因爲所準備的供品會沾染到穢氣。關於煙供及物品，也有許多的細節要求。

所以修煙供法時，行者要注意不能吃肉食、抽菸、喝酒及服用麻醉品及毒品等，任何會傷害內心思緒使其渾沌不明的物品都不可使用。這些是根據嘎瑪恰美仁波切、第五世達賴喇嘛及確吉尼瑪三位大成就者針對煙供的修法所寫過的書籍及開示而提醒大眾的。嘎瑪恰美仁波切曾開示：「修煙供時，不能吃血肉之食、抽菸、喝酒及吃麻醉品；蔥蒜因味道十分強烈，修法時念誦煙供儀軌，迎請來的賓客、地基主、地祇等聞到後就昏倒了！」因此行者本身必須注意，在這樣的情況下，最好不要修煙供。

如果修行者平常茹素，不碰葷腥血肉是不會有問題，但如果修行者在修煙供前不確定當日有無食用葷腥之物，若有此懷疑之心存在，就須在修法前刷牙漱口、將手洗淨，再念誦煙供儀軌，這是比較妥善的方法。

另外，若是煙供物品或木頭被罪大惡極者碰觸過，這些煙供物品威力也會衰損。煙供物爲了方便燒施必須要磨成粉，從前煙供木會請婦女剁切並磨成粉，但若是其中有寡婦、月事來的女子，或是生產後未過三天的婦女碰過該物品，因穢氣之故會使煙供物品威力衰損；又或者僱人揹回選好當做煙供物品的木頭，若此人慳吝心很嚴重，揹回來的路上內心常生惡念，木頭的威力也會衰損掉。這些都是在準備煙供物品時要重視的事項。

現代人的生活環境，大多物品由工廠以機器生產，因此這些問題會比較少。但根據以往的經驗，我們瞭解煙供物品的威力會因爲雜染到過失而衰損，故準備煙供物品時，要打聽物品的來源及出處是否良好，輾轉傳遞到手的物品，倘若過程中可能摻雜過失而染污，則是不能夠信賴的，確保煙供物品的來源清淨是很重要的！

嘎瑪恰美仁波切曾經在某次修法時，有魑魅魍魎特地前來抱怨，他們有的身形殘缺，有的斷手或斷腳，有的頭裂開、流膿流血、頭髮散開，多屬於散居鬼怪眾生，類似孤魂野鬼的類型，來了後痛哭流涕。仁波切問起原由爲何？他們說有一位誓言衰損之密咒士修持煙供，修法時迎請賓客，但此密咒士是一個師徒誓言衰損者，木頭爲罪大惡極地獄種性者碰過的，牛奶、乳酪爲人喝過剩下的，酥油爲月事女所倒出，此密咒士誓言衰損，修法物質沒有力量，對他們沒有幫助而且還造成傷害，於是搥胸頓足地向仁波切哭訴。他們前往而被其誓言衰損的穢氣所影響，賓客們不但無法享用供品，而且更受到其誓言衰損穢氣所傷。

修煙供法時迎請很多山精鬼怪、魑魅魍魎、山神、土地神等，他們具有漏的神通受招請而前來，他們能知道修行者的過失、錯誤，也會責怪及對修法者做出傷害，諸如使其生病、從口中放出有毒的氣等，所以在修持煙供法時必須要小心。

其他一些修法儀軌，於修法上有錯誤時還可以補救，煙供法則非如此，一旦有了錯誤，往往導致鬼怪邪祟、魑魅魍魎前來傷害及障礙，而使修法者產生諸種不吉祥，進而演變成冤親債主，行者反而累積了許多冤親債業。故此，煙供法是極爲嚴肅的教法之一，大家要明白及謹慎。

我們修習一個法門，是希望能得到利益，但若因爲修習的方式或是自己無心的錯誤及對法義的不瞭解，而導致彼此受害，還不如不要修持。

修持煙供法時，迎請四種類形的賓客做供養及布施，行者以這樣的方式來累積資糧，消除罪障，特別是對於袪除障礙上的效益大而且快速；所以實修時先瞭解煙供的方法及法義，是極爲重要的。唯有在瞭解煙供的方式下做實修，修法的效益才會顯現。

修煙供是希望能袪除障礙及痛苦，但修法時一定要瞭解有因必有果的道理，這些災難、傷害與痛苦，一定是自己以前所造的惡業所產生的，因此在修法的時侯，內心要更加相信業力因果的善有善報及惡有惡報的道理；在對業力因果的強烈信心之下，更加努力地行善業及斷除惡業。我們要明白，所有的眾生包括自己，都是希望離苦得樂；如果要離苦得樂，就更要努力行善去惡。

爲了鼓勵大家學習如何袪除這些障礙，務必要正確地認識煙供法和其他法門不同之處，及對於修法方式有正確的瞭解，並且相信業力因果，及行善去惡的目的之故；佛學會此次重新翻譯並且再三修訂校正，發行這本全新山淨煙供法本呈獻給大家，並且提供詳細的解釋說明修法的方式及法義內容，以利益更多行者修持。期許藉由出版新法本及此書，能利益更多修行者，並且能重視山淨煙供實修的重要性。

祝福大家　吉祥如意

堪祖蘇南給稱仁波切（Busa Trulku，布薩祖古）

二〇一八年七月八日（藏曆五月二十五日，多傑林巴證悟日）

導讀

煙供法的儀軌有許多種，本書所介紹的煙供是最為殊勝的伏藏教法之一的「山淨煙供法」。煙供為供養法，以獻供養來說，小心而無錯誤地修煙供法，能累積廣大資糧、消除罪障，產生的利益及威力非常強大，是容易修持及成效大的儀軌。加上修持者若能觀想專注堅定、信心強烈地迎請本智尊，諸佛菩薩或是登地以上的聖者一定會前來加持，所以對現代修行者而言有絕對的必要性來重視煙供儀軌。

一般而言，人、鬼、神的想法及行為是一樣的，都是容易受到濁氣、穢氣的影響，我們可透過修煙供法將濁氣、穢氣排除；其次是使自己的壽命、福報、權勢、財富增長、增廣。寧瑪派大成就者米滂仁波切曾開示過：人的運氣有高低起伏、衰損，想要將其補足的補運法中，沒有比煙供法更殊勝的。

書中，堪祖仁波切首先介紹煙供伏藏教法的來源和歷史；再依據山淨煙供內的頌文，詳細講解修持次第、修持應有的動機，以及如何做本尊觀修、對所迎請的賓客應如何做正確的供養，以修持手印及咒語來加持獻供物品；之後，再將加持後的供品觀想變化出無窮盡各種獻供品來獻供，給予財布施、法布施，及如何送返賓客及迴向封印等。

對於已實修者，堪祖仁波切也特別針對皈依、發心、七支分等伏藏頌文，精闢闡述了頌文字義下所隱含的甚深大圓滿的禪修精要口訣。往聖先賢及諸大上師們對皈依發心已有諸多解釋，而此處所解說的皈依發心，是以大圓滿的道路及得到究竟的果位來利益眾生，以大圓滿自成頓超的道路及實修四明燈，經過四顯而得童子寶瓶身及法身的果位，以此果位修持能使眾生滅除三障（煩惱障、所知障、習氣障），並加持他們身、口、心三門，而使其轉成佛的身金剛、語金剛及意金剛。

行者首先以世俗諦粗分的發心，即是以利他善良及好的動機發心，依此經常地努力做實修，之後由粗分引出細分，靠世俗諦來引發勝義諦的菩提心。現代一般大眾大都是屬於鈍根的修行者，所以大圓滿禪修士在大圓滿的自成頓超實修方式下，通常在未產生見地之前便已直接觀修，然後在觀修上來尋找見地，然而即使是從觀修再慢慢地產生見地也是很不容易的，但就大圓滿禪修士而言理當如此地來實修。

對於初學者，書中也特別概說了如何先做簡單的煙供修持，及修持時須特別注意的重點，比如應準備的壇城相關物品、修持時間、煙供爐的放置，選擇何種修法儀軌、供養賓客觀想，及如何修法的告誡及送返賓客等。

在各別獻供的物品做供養及布施時，更要清楚明白所要供的物品是什麼，倘若在不瞭解的情況下使用錯誤的話也會形成很大的過失；甚至做供養放火燃燒時，若點火不小心，也會造成很大的傷害。承如書中所提及的不能在赤裸的地面上進行，因爲地上住著地祇或龍神，會對祂們造成傷害，祂們受到傷害後便會生氣，屆時自己就會因此招致生病，像是痲瘋病（龍神造成的傷害）。倘若地上有曾經燒火過的煤炭灰，也不可以在上面再做供養，這是非常糟糕的，別人已經燒過的剩煤灰、炭灰，又再在上面修煙供，是完全不可以的，這些都是要注意的。

另外對於所供物品更要小心準備，煙供來源最好是熟悉者所提供，非陌生者給予，若爲不可信賴者，也不予取用。物品應爲上等材料，並且最好是從具有加持力的聖地運來或由成就者加持過的；材料愈殊勝則供養的物質威力愈強大，而且會具有消除穢氣袪除障礙的力量。

對於煙供法的修持時間，有些占卜星算及曆書上通常都有修煙供法的良辰吉日。若不知何時或如何看，可選佛教的殊勝日，因爲則一定是良辰吉日。修持處所也可選擇高山、海邊、河邊、風在吹的地方為佳。若行者將煙供當成日課禪修，則不用特別去看良辰吉日，配合自己的日課及上師的要求即可。

在許多煙供法本中只有迎請三寶恭敬客、功德怙主客、六道悲心客三種客人，沒有特別包含冤親債主客。而山淨煙供法迎請及觀想的是四種賓客，除了以上三種賓客外，需再加上冤親債主客共四種賓客。上供養的對象包含諸佛菩薩及地道功德安住在登地以上的聖者；下布施對象則包含無量無邊及無法細數窮盡的六道眾生；三寶恭敬客及功德怙主客為供養的對象，六道眾生則為布施的對象。又因為冤親債主賓客的重要性，書內將冤親債主賓客特別區分出並加以說明，以協助行者避免產生更多的冤親債業。另外也說明了十方信施所可能造成的蓋障，期許行者在日常生活的身口心三門中，能預防及減少業債的產生。

米滂仁波切曾開示過：「要讓自己運勢增長增廣、美名遠播，要靠煙供結下好的緣起。無論是共與不共的殊勝成就，都是靠修持煙供」

各種的罪業及晦氣、誓言衰損等會使本尊與上師蒙受穢氣，也會矇蔽本尊與守護神，因而行者無法得到他們的幫助。當穢氣排除時，利益則如泉湧；而排除穢氣的方法就是靠修持煙供法。當穢氣排除，身體就會健康，因為地水火風大種協調；而當各大種協調了，一切外在的事物就會平衡協調，疾病、逆緣、飢荒就容易消除，於此情器世界中吉祥順利、萬事美好聚集，利益功德自是不可思議的。

對於任何佛法修行者，煙供法絕對是快速累積資糧、清淨垢穢，減少修行障礙、自利利他而且極方便有益的最佳法門。能迅速累積福德、智慧兩資糧，對我們在此世間的生活需求及事業都有很大助益。這些也都是我們今生中最需要的護佑，也是可以透過煙供所能得到的益處。

每日只要幾十分鐘修持，甚至只要一炷香即可簡單做煙供，是快速又有效的積資淨障方法，修行者可以根據自己修法時間及場合，來進行上供及下施煙供修持。因爲供養諸佛與聖眾等，功德會增大，所以福報也自然變得很好；而且因爲也下施六道，這些可能會爲難我們的眾生也都一一滿足，障礙自然減少。尤其是中陰期的聞香類眾生，過去身已經結束，但未能獲得新身體之間的魑魅，他們無處不在而且能力薄弱，不一定有足夠的能力獲享供養及飽足，但透過我們正確的煙供儀軌修持，使煙供轉化成他們能夠使用的物品，此功德力是不可思議的。如此自己的內外障礙減少，身心病患則更容易痊癒，財富能自然積集，一切事願都能如意順利，自然而然能得長壽健康。

佛法的不可思議是無法以一般常理來思惟的，凡夫或初學者無法短期就進入高難度的修行法門，在修行期間，最好的方式是按部就班來累積福報資糧，祛除障礙，及祛除自己粗分的煩惱。而煙供法門便是祛除粗分煩惱障礙最殊勝的法門之一。

期許與此書有緣者，能實修煙供來利益更多眾生而能法喜充滿，平安吉祥如意。

在此，也特別感謝所有參與文稿整理及校對的所有義工。

台灣多傑林巴佛學會

二〇一九年二月十九日（藏曆一月十五日）

山淨煙供——日哦桑切的緣起

首先要思惟，爲了遍滿虛空爲母的有情眾生之故，我們要成就佛果，而來聽聞教法及做實修。

今天所要講解的山淨煙供，總體上來講，爲密咒乘門的教法，但不只是寧瑪派有實修此法，噶舉派也在實修此法；所以這是寧瑪和噶舉並行的實修法。山淨煙供法，如能好好地修持，是能契入覺性本貌及達到法身最高境界的。法本裡包括了不顛倒的見地，觀修的壓迫關鍵要點以及行持的成熟方式；而在三身不離大圓滿的見地、觀修、行持方式上，以及包含上師與往聖先賢實修的要點，在此山淨煙供法本裡面都有開示及談及，所以此法並非僅僅只是單純地修持一個煙供法而已。

山淨煙供法包括向上供養三寶、三根本及諸護法神，向下布施善的神祇、龍族、地龍神及六道眾生、冤親債主。向上供養三寶、三根本可以累積福德資糧，而供養諸護法神能息災、增財及護持一切事業及佛法；向下布施六道眾生最終行者會開悟成佛，而布施冤親債主則可令其滿足及消除行者惡緣。

此蓮師山淨煙供法，藏語稱為「日哦桑切」（山上的淨煙供），不丹、西藏及尼泊爾各地大仁波切及法王皆會於每日清晨虔修此法，使生命健康長壽，消除業障與障礙；此法有如鑽石般的珍貴，是蓮師教法中最為殊勝的煙供法。藉由煙供儀式，分別可達到「息」——除障消業；「增」——增長福德、智慧、財富、長壽；「懷」——懷柔冤親敵害煩惱；「猛」——摧滅貪瞋癡無明惡魔外障。使行者外內密三種清淨，外層為焚諸供物而產生煙來供養布施四種賓客，以淨除魔難冤孽；內層則以此修法來淨治五毒煩惱；密層則藉此淨治我執。

煙供為聚資法的修持，是一種累積資糧，消除逆緣障礙的殊勝法門。除了可以幫助我們積聚往生淨土資糧，成就出世果位之外，也能對我們在此世間的生活需求及事業成功有眾多助益。以加持的薰煙，化為無量供品，來供養一切三寶及三根本，布施冤親債主及六道含識，並包含淨治我執及五毒煩惱之密意。法的文句被認許為大圓滿指導，行之能迅速消除業障、逆緣、非時死等，可積聚資糧及成辦種種順緣。

近代怙主敦珠法王曾開示此山淨煙供伏藏，乃為最殊勝之除障法。而此山淨煙供法本後來經過怙主敦珠法王再增補「自生」的部分，及依傳統修法增補加入「招運作法」及「供奉金樽」二部分，使修法更趨完備，修法者可依個人時間及需要取擇加修增補部分與否。

煙供為佛陀時代即存的實修方法

一般的煙供教法，都是屬於佛教的內容，而山淨煙供的教法不但是佛教教法，也特別是能做爲密咒乘門禪修的方式。

有些人對於煙供是否出自於佛教存疑，在此先予以說明。他們認爲煙供修法的方式，沒有記載在佛經和密續裡，也未做開示，是否是在長久流傳期間裡，由各宗各教摻雜進去的實修方式，之後才納入佛教而形成現在的煙供法呢？事實上並非如此。爲何如此說呢？因爲在佛陀時代即有燃香和薰香的供養，佛陀要說法開示前，前面引領的人，會用燃香及薰香來做供養，有些人也會在家用薰香及燃香來做供養，這是早已存在且有歷史佐證的。

在佛陀所開示的《摩羯陀國賢女請問經》中有記載，摩羯陀國是釋迦牟尼佛時代一個很大的國家，因當時有一位賢能的女性提問而成爲《摩羯陀國賢女請問經》的經名，該經文中提到：賢女提問之時，迎請佛及其眷屬降臨，賢女獻供養，香、花、煙等。這也是煙供起源的說法之一。

其次，有另一說法爲五世達賴喇嘛提出的主張：煙供的修法源自西藏本土宗教「苯教」的幾個派系，煙供本在當地修法的「雍仲苯教」中流傳的。蓮師入藏後將一些外相修法的部分省略，放入內在佛法的精神及內在心要精華部分，而成爲佛教的特色，也就是內明的法義，將生起次第的內容置入後再次弘揚，因此得以流傳開來。

煙供是佛教裡實修的一個方法，歷史上在佛陀的時代即存在，此即爲證明。現今我們所知以煙來做供養及薰香的方式有兩種：一種是薰香，另一種是燃除穢氣的香，於古代都有實修的事蹟。例如在事續部及行續部裡都有記載，修法時要齋戒、沐浴、薰香，在行持上須如此做，對於薰香如何實修也有開示。又如《大悲觀音法》的實修法裡也有記載，須幾次沐浴、幾次薰香，也都有提及。

桑耶手稿，桑耶壁卷

在師君三尊時期興建桑耶寺時，白天工人建寺，到了夜晚則被龍、山神、地神、妖魔鬼怪破壞殆盡，因而寺院遲遲無法興建完成。後經過寂護大師請示藏王同意，迎請蓮師入藏。蓮師觀其原由爲鬼怪所干擾破壞，於是以生起次第密續法門燃香及煙供方式，施予鬼怪供養，並請他們離開；再透過物質（用於燃燒做煙供的殊勝物）、咒語及手印加持，也做了諸多佛法的開示，透過以上的方式降伏妖魔鬼怪，桑耶寺才得以竣工。

蓮師以神變及多種不同的煙供法門，收服許多山神地神，一起協助弘揚佛法。當時正值興建桑耶寺而所用的煙供法，之後蓮師以神通力將此煙供法刻在桑耶寺旁的山壁上，所以此煙供法被稱爲「桑耶壁卷」。因爲是蓮師於桑耶寺旁親自寫在山壁上，所以也稱爲「桑耶手稿」，這在歷史上是有記載的。

事續部是依賴基於地大種及水大種，所以有了灑淨的儀軌，而無上續部是依賴於火大種，所以形成了火供儀軌，最後依賴於風大種，所以形成了煙供儀軌。無上續部的火供或是煙供，都是需要配合生起次第及圓滿次第的觀修，所以不是只像灑淨修法般去除污穢之氣而已，配合生起次第及圓滿次第觀修的煙供法，是可以袪除及還清我們累世的冤親債業，及消除鬼怪對我們的傷害的。

在世間法裡也有記載，比如說沾染到穢氣，可透過燃香來淨除穢氣。在西藏歷史師君三尊的時期，赤松德贊國王的慈尊王妃生產，當小孩出生時出現了許多不吉祥的徵兆，小孩不久後即夭折，慈尊王妃直接讓僕人把小孩帶至山野掩埋，也因爲此新生兒帶有強烈的晦氣，進而造成當地山神、河神、地神、龍神，山精鬼怪生病，更有些因爲晦氣使身體受傷而斷手斷腳；他們十分的憤怒及痛苦，於是製造許多晦氣及散播疾病瘟疫，也使得當地所有的五穀不能豐收，民不聊生及引發諸多疾病。而赤松德贊國王也因此生病，無人能醫其疾，經由卜卦師察算，認定是由污穢之氣所造成，再經由查證而得知慈尊王妃與女僕掩埋夭折小孩於山野之事，因爲夭折小孩的晦氣，產生不淨的污穢及濁氣所干擾，國王才會久病不癒，所以國王特別迎請蓮師前來協助。

國王把王妃趕出宮，王妃擔心自己生命有危險，立即向蓮師求救，請蓮師幫忙化解此災難，於是蓮師在桑耶寺海波山前，招集了國王，王妃，貴族，山神，地神，龍神，眾神等，大家全部聚集一起，蓮師做了「淨晦神水青煙」的修法及開示。

蓮師說大家之所以會受到晦氣影響，除了是因爲外緣的影響，但是最主要的還是受到自己上輩子的業力所招感。要能清除外緣影響，消除累世的惡業罪障及袪除疾病，並且能讓所受到的傷害恢復，唯有靠這「淨晦神水青煙」修法才能淨除。於是蓮師當下修了此法，用藥草及樹木焚燒成煙做供養，念經咒來淨除穢氣，點神香及用薰香的方式來做供養，國王的病即痊癒。因爲晦氣所造成的所有傷害，以修法排除穢氣及驅除妖魔鬼怪，也清淨了大家的業障。因而有「淨晦神水青煙」煙供的開示法門，此煙供法至今尚有留存。

當蓮師開示桑耶壁卷時，無垢友尊者與蓮師同在西藏。現今的山淨煙供爲心意伏藏法，是由拉尊南開吉美尊者取出的意伏藏，大家公認尊者爲西藏的無垢友尊者及龍欽巴尊者的再化現轉世，也因此蓮師的桑耶壁卷及淨晦神水青煙二種煙供法的心要精華才得以在現今時代再次流傳及宏揚。

拉尊南開吉美尊者出生於錫金，成就者於禪修時，於清淨所顯下迎請出「持明命修」大伏藏法。此殊勝伏藏法爲無垢友尊者及龍欽巴尊者的內心所流露出的心意伏藏。而持明命修大伏藏法的內容也包含了「山淨煙供」儀軌項目。

因爲迎請出「持明命修」大伏藏法，拉尊南開吉美尊者成爲了錫金佛教的奠基者，並創建「錫金大圓滿派」，在各地示現神變及廣大弘揚佛法，而山淨煙供也因此再次廣大弘揚及復興起來。

持明命修大伏藏法包括了諸佛的口訣精要，因爲是兩位大成就者的心意伏藏，其中也包括了阿底大圓滿瑜珈的究竟關鍵要點，所以受到金剛乘極大的重視。而山淨煙供法爲其中之一項目。所以藏傳佛教的四大教派都非常的重視此山淨煙供修法。

此法不只可以袪除晦氣，也可以袪除惡業及還清冤債業，所以煙供法對於在家人或者是出家人都是十分重要的，尤其是出家人受到十方信施的影響很大，可以透過煙供修法來袪除十方信施的業障。

即使是在事續部實修時，修法本身亦很注重乾淨，對於齋戒沐浴及薰香如何進行等，皆有記載。於世間法中，亦有記載對於鬼神的干擾侵犯及如何消除穢氣的實修法。故煙供實修的方式，乃佛教自古即已流傳下來的，並非如外界所說，摻雜了其他宗教的方式。

拉尊南開吉美之後的轉世仁波切包括了怙主揚唐仁波切。怙主揚唐仁波切也在台灣對山淨煙供做了廣大的開示，也鼓勵佛教修行者能夠重視及實修煙供法，這對於自己在修行上的集資淨障是有很大的幫助的。

現在能有煙供儀軌可以念誦修法，須要明白蓮花生大士的歷史。因爲有了「桑耶壁卷」及「淨晦神水青煙」二種煙供法的心要精華的意伏藏法「山淨煙供」，再經由歷代師祖流傳下來，因此之故，我們現今才有殊勝修法儀軌可以利益眾生。

1 概說煙供

佛法在講述時，聽聞、觀想、做實修這三個段落非常重要，也是經常被談到的。行者無論何時何地，都須具足以下動機來做修持：

須發起菩提心做爲攝持：以善的動機來做聽聞、觀想與實修，並且不起顚倒的思惟與瞭解。

將三時的妄念紛飛習性袪除：沒有過去、現在、未來的念頭，以輕鬆及專注的態度來做佛法的學習。

時時迴向發願：迴向時會發揮封印的功效，能將善根迴向予圓滿的菩提。

現代人更需實修煙供

現代人除了有自己的煩惱及蓋障，有時還會遭受一些外來妖魔鬼怪的傷害，而面對這些問題時應該如何解決呢？祛除障礙最特別的修法即是煙供。透過特別的物品薰香來做煙供，先把晦氣及障礙祛除，再用咒語、手印、等持及念誦法本儀軌等給予加持，提高行者修持煙供的法益，此即是煙供爲何能廣大及久遠流傳的原因。

在實修煙供時所產生的功德利益包含以下：

一、順緣：累積資糧。

二、除障：祛除鬼怪邪祟的傷害。

三、除穢：祛除沾染到的以下幾種污穢濁氣：

1. 祛除腐敗食物所形成的濁氣。

2. 祛除婚禮迎娶新娘時產生的穢氣。此雖非佛教說法，但世間法上有此一說。每地習俗不同，在印度這是很受重視的問題，因而謹慎地對待此習俗爲佳。

3. 祛除因爲新生兒投生的穢氣。

4. 祛除探視病人沾染到的濁氣。

5. 祛除經過墓地的穢氣。有人經過墓地後，雖未看見鬼怪但全身不適，吃藥不見好轉，此症狀即爲沾染穢氣。

四、祛除煩惱障礙及除蓋障：蓋障爲自已的貪、瞋、癡三毒的習氣。總括來說，自己的逆緣蓋障，要依靠佛法實修，來消除外、內、密的障礙。

山淨煙供是最廣為流傳的煙供法

煙供有許多不同的源流發展，於民間最廣爲流傳的爲「山淨煙供」的法本，此法本為廣大屬性，亦有更加廣大及非常廣大的煙供法本。在修法上，若因爲時間上的關係，另外也有略軌法本；如果實在沒有時間進行煙供，也有更加簡單的以觀想方式來修簡單煙供。

或許有人問，做煙供是需要薰燒很多燃物及香，產生很多煙才算煙供嗎？其實並不需要如此，我們即使只點一炷香，就有煙的產生，並以此煙爲觀想依靠處，又稱爲「觀想所依」，以此來做實修亦可。我們不似住在印度、不丹、尼泊爾等地廣人稀處，可以進行放入多種物品，如五色布、五穀物、藥草等大陣仗的燃燒煙供，而不會有人來驅趕或報警；在台灣若是如此燃燒大煙供，則會產生問題——煙供原意本是爲了要把外、內、密蓋障清除，這樣也許內障能清淨，但在外障部分卻適得其反地招來障礙，反而會將善念結成惡緣。所以並非一定要大陣仗地進行薰燒煙供才好，適時適地仍有些簡略的實修方式可採用，須視實際狀況而爲之。

如果一位有相當證量的行者，在他自心相續中即有足夠的能力，而無需依靠外物即能利益廣大的眾生，可不必修持煙供法門，即可利益眾生；但如沒有證量或任何覺受的行者，仍需透過各式各樣的方便法門、物品以及煙供，來利益更多的有情。

煙供能利益的有情眾生，最主要是以中陰的眾生為主，指的是七七四十九天內過去身（粗分身）已經結束，但未能獲得全新身體的有情，他們是屬於尋香類的有情眾生。以煙供的方式最能利益中陰的眾生，這些眾生是無處不在的。

點燃煙供粉做白宴（俗稱白供）或是紅宴（俗稱紅供），再配合念誦《煙供儀軌》，透過殊勝財布施及法布施的法門，將煙轉化成他們能受用的物品，所以煙供儀軌是最殊勝方便的法門。

修持任何煙供時，要先以自觀本尊來修持。因為我們仍屬有煩惱的凡夫俗子，雖然是布施，若沒有透過適當的儀軌來進行，不但無法利益到有情眾生，若因此而令其生起瞋恚，我們所做的布施不但無法產生效益，還會傷害到自己，因此依靠儀軌來修持是比較好的。

我們可於每日早晚點一炷香，以此煙爲基礎，視其爲觀想依靠處來念誦儀軌——有廣軌念廣軌，有簡軌則可以修簡軌。

簡易煙供的修法次第

以下先講解若無煙供儀軌時，行者應該如何以觀想方式來實修。

一、首先點香，以煙為觀想所依

觀想虛空中有三寶、三根本及壇城聖眾，大日如來於自己前方虛空中，首先觀自己爲觀音菩薩，念誦「讓養康　嗡啊吽」，將供品除穢及淨治，當煙供物品轉化爲甘露之後增廣成無量無邊甘露，並且能滿足眾生所求。

「讓養康」此三字意思爲火（燒）、風（吹）、水（洗）三大種字，先將污穢清洗乾淨後，觀想煙變成廣大無邊的供品。

「嗡啊吽」是將不淨袪除而轉爲甘露，甘露遍滿虛空。

二、自觀本尊為觀音菩薩來供養四種賓客

在此先自觀本尊爲觀音菩薩來供養四種賓客，再依序觀想前方虛空中有三寶、三根本壇城聖眾，即三寶恭敬客；再來供養給自己的幫助者，如守衛般的護法神、保護神、守衛神，即功德怙主客；之後布施給六道眾生，使他們享用滿足，即六道悲心客；最後是布施給自己的冤親債主，即冤親債主客。所以是供養給四種賓客。

㈠三寶恭敬客：三寶、三根本。

㈡功德怙主客：護法神、守護神。

㈢六道悲心客：六道（天、人、修羅、地獄、餓鬼道、傍生）眾生。

㈣冤親債主客：冤債賓客。

供養的色、聲、香、味、觸、法等供品，轉換成能滿足他們眼、耳、鼻、舌、身及意的需求，供品先供養給前面虛空中皈依處三寶、三根本、壇城聖眾、護法、守衛神等。接著，布施給六道眾生，特別是自己的冤親債主。之後，不管是上、下兩種賓客，都興高采烈地享用供品及布施品。冤親債主、六道眾生，想衣得衣、想食得飽足，滿足四賓客，布施六道眾生，供物能各隨其所願而得滿足。

三、觀想及持誦六字大明咒：嗡瑪尼唄咩吽

持咒時要結合觀想，觀想自生為觀音菩薩，心間有六字大明咒的咒幔圍繞著「啥」（發 **HRI** 音）種子字。首先觀紅色「啥」種子字，從「啥」字當中放射出光芒，觀想的順序如下：

㈠放光供養十方諸佛菩薩，光芒收回到自己心間（上供）。

㈡之後再觀想放光利益一切六道有情眾生，並且眾生歡喜滿足（下施）。

㈢觀想咒幔放射出光芒至虛空中，前方虛空中有大日如來。

而大日如來身五處：頭頂、喉間、心間、臍間以及密處，分別有四燈（四賓客），為頭頂上的三寶燈、喉間的怙主燈、心間的大悲燈和臍間的冤債燈。觀想的位

置如下：

㈠從頂間到喉間位置觀想爲「三寶燈」。

㈡接著是從喉間到心間位置爲「怙主燈」。

㈢在心間爲「大悲燈」。

㈣之後心間到臍間爲「冤債燈」，也就是淨除魔障債務之燈。

也可以簡單觀想大日如來佛身二處：

㈠頭部至心的位置爲三寶、上師本尊、空行母及護法。

㈡由心至肚臍位置爲六道眾生及冤債。

四、觀想物品布施給所有有情，並給予法布施，為他們安置了解脫的習氣，尤其是對於尋香類衆生

透過觀想的方式給予法布施，告訴眾生因果的法門及勸善；造惡業感苦果，行善業感樂果，爲所有眾生皆適用且自然實際的因果定律與眞理；勸他們不要做壞事，要盡量行善。

五、最後送返及迴向

所有有情眾生已經獲得布施利益，同時也聽聞了教法，心滿意足地回各自處所，最後要記得功德迴向。

大日如來本尊觀想說明及練習

修行者因爲不知道如何觀想，所以才要做觀修的練習，而觀修即爲實修的一個過程。因爲多年努力實修後而得到見道位成果的聖者們，對於觀想則已無須花太多心思，但是我們都尚未達到如此的境界，而且觀想也並非一蹴可幾，故仍需努力堅持實修，透過經年累月辛苦勞累的串習之後，方可達到熟稔，因爲這些實修是有次第的。

首先在生起次第前要先修安止，不畏辛苦勞累地長久實修安止，成果才會出現。而在學習觀想上也有補救的方式，若要觀想廣大無邊，可想像天空、大海的遼闊寬廣，若想像不出來，去看看天空及大海；若不知道如何觀想數量，去抓沙算算有多少顆等，盡力去瞭解無量無邊的數量。在觀想時，要觀想廣大無邊、無量無數。

接著觀想自己自生爲本尊大悲觀音，前面虛空中有大日如來，要觀想爲廣大無邊的大日如來。正前方的大日如來結金剛跏趺坐姿，手捧佛缽，缽上有二十五層蓮花，一層一層往上堆疊，每一層花瓣上，都有百千萬億的國土，裡面眾生無量無數。而我們所說的國土，即一星團（星雲），爲一星系，有百千萬億的銀河星系，共二十五層，有上十二層及下十二層，最中間第十三層的地方，正位於大日如來的心坎正前方，我們所在的三千大千娑婆世界正好位於此處，所以此世界流傳的教法爲「尊意聖教」，意即爲大日如來內心的心意聖教流傳的處所，心意聖教即密咒乘，故此娑婆世界爲密咒乘門適當的器皿，有密咒乘的緣份，是由此而來。但除了這二十五層花瓣廣大無量無邊外，大日如來的每個毛細孔也有百千萬億佛國剎土，能如此觀想即爲無量無數了。

我們所在的娑婆世界，爲大日如來心意聖教流傳的處所，也因此有密咒乘門的助緣。以我們人的身體來看，其身形似金剛杵的樣子，對於實修者，此即爲助緣，修的法爲金剛乘門，而修法的果位，則爲執金剛的果位；不用花三個無數劫這麼長的時間，僅一輩子以一個身體即能得到究竟的果位。此娑婆世界剛好位於大日如來心坎前第十三層，是大日如來的「尊意聖教」流傳的處所，如此順緣，更需要如理如法的實修，否則不但金剛果位修不成，自己反而入了金剛地獄。

天神、阿修羅、鬼道眾生並非均可修此乘門，因為他們沒有如金剛杵般的身體，不能成為適當的器皿。生為人身是六道中最為殊勝的，此身文武百尊本來俱成，修法時更加容易實修，是為密咒金剛乘門適當的法器，如此殊勝難得，希望大家能瞭解。

由此緣故，修持煙供法的行者向上供養，向下布施，能得到廣大的資糧，讓守衛神、護法神、六道眾生、自己的冤債賓客都受供養，是非常好的法門。

修持煙供有廣大的儀軌及中間的儀軌，此為最簡略的觀想大日如來的簡易煙供修法。在家早上或晚上點一炷香，以觀想及持誦六字大明咒多遍，誠心念誦及迴向，是非常簡易方便的煙供實修方法之一種。

食香客人及煙供物品的準備

煙供簡易實修的方式如前所述，要先觀想自生本尊爲觀音菩薩；藏傳觀音菩薩爲一面四臂，而漢傳觀音菩薩爲一面二臂，二者擇一均可，依照前面煙供所說的觀想方式依序而行。

煙供提到的四賓客，還有一種特別的「食香客人」。「食香客人」是指過去身已不再，而未來身還未到的中陰眾生或是鬼怪——即我們眼睛能看到的粗分的身體，可以享用粗分的食物——我們可用牙咬食的物品等；而中陰眾生、鬼怪沒有血肉之身，他們只有細分的身體，只能透過享用煙傳出的香氣，解除飢餓的痛苦。所以對於亡者，要幫助他們得到食物不感到飢餓的最好方式，就是煙供法。

一般民間對亡者會供奉飯菜食物，但其實他們是無法享用的，此時可以透過煙的香氣使他們受用滿足，所以若是爲了利益食香眾生，煙供是非常重要的修法。

特別爲了此類眾生，可準備三白（乳酪、酥油、牛乳）及三甜（白糖、紅糖、蜜）來滿足他們。此三白三甜方式爲個別物質準備上的差別，透過做煙供燒施讓他們享用，燃香後，念誦瑪尼咒及迴向給他們。若是無法在煙供粉裡加入三白三甜等物質，僅只是點香及做觀想上供養、下布施，念誦瑪尼咒語，迴向給他們，對於中陰眾生及鬼怪，這樣做煙供修法也能有好的幫助。

點香和燃燒煙供粉之功德利益差別

首先要瞭解修法本身有各類的及錯綜複雜的情況，如果不能做廣大的實修，只採用簡略的方法，雖然也是實修法，但僅以點香爲所依，以此觀修方式做煙供，就修法本身而言，所供的物質、行者證量、及所修習的法的力量，產生效益是很不一樣的。

行者均是依憑自己內心的證悟修法的，然而證悟的層次、物質的力量，以及所修習的法本身的威力也都不盡相同。倘若是一位見道位的聖者（初地菩薩），我們前述的物質、法本儀軌即使都不使用，也是可以成辦事業的。

物質威力的差異

供養物視自身環境的許可來置辦，物質若爲珍貴屬性如金、銀、珠寶等，因其珍貴性而可發揮其殊勝的威力。所以不能僅止於點香就當做煙供供養，那只是在什麼都沒辦法準備之時，以點香的煙供做爲最簡略的修法方式。

修持煙供時要選上等、好的木頭、好的材料以及煙供粉。噶瑪恰美仁波切在他的教法裡曾說過，木頭要選上等的木頭，配合息、增、懷、猛四種事業進行煙供。四種事業說如下：

止息法：董錫（藏音譯音）。

增光法：搭巴（藏音譯音）。

懷攝法：柏樹、檀香木。

威猛法：阿嘎木（藏音譯音）。

修煙供法時，若選對木頭能發揮很大的威力，稱爲「物質的威力」。物質很重要，嘎瑪恰美仁波切開示，不論修煙供或是火供，配合自己的目標去修法，在選木頭時使用特別配合的木頭，此物質會發揮很大的威力，因此仔細挑選煙供的物品是十分重要的。

確吉尼瑪曾經開示過：「修煙供及火供，在多種木頭的選擇中，可用三種木做爲主要：柏樹、千八木（藏音譯音）、巴囉木（藏音譯音，一種剖開來還有細細縫穴的木頭），若能有這三種木頭即能周遍一切。」

已加持過物質的威力

此處是加持物，爲蓮師或證悟者、成就者、往聖先賢修法加持之物。因爲是加持物，所以會有一定的威力存在。因修法者本身具備的證量威力，禪修者內心的證量高，並已領受傳承、口傳、灌頂及儀軌講解，表示加持物順緣齊備而且威力強大。

儀軌威力的差異

唯有具備完整的近傳承伏藏法儀軌修法，加持威力會更強大。

煙供類型介紹

淨煙供

藏文稱爲桑，爲清淨之意。使用葉子、樹木等非毒植物，燃燒產生煙，因爲有煙產生，稱之爲淨煙供，是不放入任何食物的煙供。

白宴及紅宴煙供

焦煙供藏文稱爲餗，餗是燒焦的意思。焦煙供有兩種，嘎餗（白焦煙，白宴）和嘛餗（紅焦煙，紅宴）。一種是供天神的白宴，另一種爲供鬼怪邪祟，加入血肉變紅的紅宴。修法的法本內容儀軌皆不同於山淨煙供。

白宴將食物如麵粉、麥片等放入煙供物品裡焚燃，裡面摻雜了三白三甜食物等，稱白宴。

紅宴即葷供，除煙供物品外，再加入血和肉等葷食。

紅宴解義

以樹木、葉子燃燒煙供爲基礎，裡面再加入血肉燃燒出煙，修法供養迴向，此爲紅宴。此情況爲在生時的眾生是葷食的眾生，如用前二種的淨煙供或是白宴煙供方式做供養，就如同要葷食的嗜肉者吃素食，他們不會歡喜，故於煙供裡加入血肉葷食，燃燒出煙來供施滿足他們。

於此五濁惡世，眾生煩惱粗重、福報短淺，衰壞耗損、法緣薄弱的情況更加嚴重，在此情況下更容易遭遇到傷害。若爲有權勢福報之人，則遇傷害機會減少；若無福報且權勢衰損之人，則易招感傷害，像是遇到鬼怪魑魅，以及一些地祇、山精及妖怪，易受到他們的影響。因爲他們時常生氣、憤怒、傷害眾生，有的鬼怪邪崇甚或吸食精血，若行者運勢強尙可度過；反之時，容易生病不適，打針、吃藥均不見效，此時須請修法者做煙供。而此時的煙供，則需用紅宴方式，因他們嗜肉飲血傷害眾生，在裡面加入血肉，讓他們滿足了就會離開。

地神裡也有善神，或是龍神，若用紅宴，則像請素食者來吃肉一樣，也是會適得其反，此時則要用白宴。所以在做供養時，最好要先區分清楚。

如何選擇應修持何種煙供

無論做山淨煙供、紅宴、白宴，都是屬於財布施的部分。大家切勿因爲遇到了障礙，而執著於用紅宴，而是要順應眾生習氣，不得已用紅宴而修之。若爲往生的眾生，應先瞭解其生前時所習何物。例如一個屠夫，易投生爲傍生，或投生爲鬼怪，因積累的習氣較兇狠，此時宜用紅宴對其做布施。

山淨煙供爲淨煙供，淨煙供裡的五肉五甘露，爲密乘門煙供修法時觀想的供養品，是爲誓言物，由五肉五甘露代表，供品爲清淨浩翰廣大，而非將實物放入煙供物裡。

修焦煙供時，如果是供養幫助弘揚佛法的天神，則用白宴。若是供養傷人的鬼怪邪祟，則用紅宴。淨煙供和焦煙供的儀軌，供品準備及念誦方式都不同，這一點大家必須清楚明白。

焦煙供裡的白宴煙供，主要是供養天神，天神都是天亮時活動，所以是在白天修法。而紅宴煙供，主要是供養給鬼怪邪祟，他們是太陽下山後晚上時活動，所以是晚上修法，配合他們的時間來安排修法。

白宴煙供是用牛奶、酥油、乳酪，及一些素食的東西做供物，但並非只有白宴煙供才能用這些供物，其他種類的煙供修法也可以使用牛奶、酥油、乳酪等三白三甜供品物。

如何分辨給予中陰身白宴或紅宴

一般對亡者而言，修法上師要瞭解其生前的宿習。在修法迴向時，有一段是降伏，降伏後再去調伏亡者的內心，使其內心柔軟，再爲他指示道路；之後做薈供，目的爲增加其資糧，累積福報，令他滿足，這是修法人應該做的。

亡者若爲禪修士、實修者、食素者，則修白宴。亡者在生時嗜食大魚大肉，個性粗暴，修超度法時未用紅宴，亡者容易起瞋心，而對在生之人起瞋念，怨他們未好好做供養，在死亡當下憤怒生氣，因爲如此的惡緣，反而使其墮入惡道。

若從佛法的角度看，不建議使用紅宴，但還是要去瞭解亡者生前時的狀況較好。

財布施及法布施

煙供本身有供養及布施的法儀軌在裡面，若在六度波羅蜜裡，是屬於布施波羅蜜。而布施分三種：財布施、法布施及無畏施，以上講解煙供供養部分是屬於財物的布施。

修法時雖做了布施、供養，也做了迴向，但在他們享用滿足之後，修法卻還未圓滿；此時，法的布施也要做，修法才會圓滿。

在一般煙供修法的結語，可以給與佛陀親自開示的法語「諸惡莫作，眾善奉行，自淨其意，是諸佛教」，以此總結法語的偈子來做法的布施。此偈是佛陀開示的，用意在告誡他們，不可以再造做罪業，爲自己招感很多的痛苦，他們一定也清楚自己所遇到的痛苦，期許在受教之後而能諸惡不作、廣行善業，潛移默化後慢慢地內心就能清淨。這是佛所要教導的眞諦，對他們幫助是很大的。

而紅宴是在不得已的情況下使用，因爲是葷食眾生而只能以此種供物來幫助他們。故財物布施（煙供）、法布施（佛陀教誡）都要做，還要再加上行者的悲心。對於此類眾生，行者的內心要思惟，他們如盲者行走於荒原上，無法分辨東西南北，若不慎則容易跌入懸崖下，怎麼能不指引他們前往安全處？眾生皆是如此，對鬼怪邪祟更要生起強烈的悲心。

再來是修法時的動機要正確，爲何如此說呢？行者若是因爲受到鬼怪傷害，修法時起了瞋心，用消滅的心來修煙供法，就算是修了紅宴也是沒有用處的。雖然是鬼怪，但他也具有有漏神通，行者心裡想什麼，他們再清楚不過。而我們也不可以佛教徒自居，認爲他們就是造了惡業才有此報，對他們產生輕視，生起傲慢之心，此心一起，反而修法不成，令他們更生氣，故不可有輕視之心，要懷著利益眾生的悲心來修法。

山淨煙供或是其他煙供的共通修法次第及注意事項

一般煙供修法的順序次第

1. 皈依：觀想所依爲三寶、三根本、壇城聖眾。
2. 動機：不造作的悲心，利益他人的想法。
3. 修法儀軌：淨煙供或焦煙供，廣軌或略軌等，視行者時間上的調配。
4. 結行迴向：發願及以迴向作封印。

修法時特別注意勿坐於火爐旁邊或於附近遊走

開始修煙供時，煙供物燃起後切勿坐於旁邊或於附近遊走，或借火取暖。這些行爲是不適當且不可爲的。爲何如此說呢？雖然我們也許看不見，但當煙供物燃起時，物品已被加持過，壇城聖眾、具誓海會、護法神，還有做爲供養對象的山神、地神、山精、鬼怪、地基主等皆會受迎請前來；當神祇來臨時，因爲他們各自的神通威力，加上也會率領其祂騎著馬、犛牛、獅、象等各類坐騎的眷屬們以千軍萬馬之勢一同前來接受供養；倘若坐或遊於煙供置堆處的話，勢必會碰撞到祂們，因此導致生病或不舒服，如果因此而受到傷害是反受其弊的。

送返的重要性

所迎請的賓客如果不送返回本處，是否會常來討供養，亦或因爲等待下次的供養而不願離開造成困擾呢？該如何處理？

迎請賓客若無奉送，則會留下，其一是應自己的念頭想法招感而來，另一則爲自來。修法圓滿務必要做送返，尤其是紅宴。法本裡最後有指引其道路，就是要送返。

若都有做，但行者疑想他們可能沒有走，這樣的招感反而會讓他們不想走，讓賓客沒有滿足而不願離開，所以迗返是必要做的，得花些時間圓滿整個修法。行者自己的念頭及想法對一般人的影響甚巨，更遑論修行者念頭及想法對招感賓客的影響。

喉嚨卡針的故事

藏區有一對賣米的母子，依藏人的習慣，女子會將針別在胸前，以利針黹。一日，賣米的母親一時想起要做其他的事，而先將針取下置於平日舀米的碗中，之後卻忘了將針自碗中取起。其子隨後返家，見到碗中針而將之取出收放於他處，之後去了市集做買賣。當夜吃晚飯時，母親因為米中或許摻雜的粗食而噎著，當下突然想起早晨將針置碗中之事，唯恐因為針卡喉道而無法吞嚥，其子雖解釋已將碗中針取出，但母親不信，喉道也因為自覺吞針而腫起，愈發不適。其子情急之下心生一計，趨前觀其母，探手入喉，言其見針，並將之取出——其實已先將針置於手中。其母見針已取出，放心之下，喉處消腫終至平復而無痛苦。

由此故事，我們應警惕「念頭」的影響力是如此的巨大，修行者不得不慎之。「一個地方一種話，一位上師一個法」這句話流傳已久，說起來似乎是上師自己的言說。實際上，上師在傳法時，會因每位弟子情況不同而開示不同的法，是老師視弟子的根器而做的善巧變化。

煙供後面的送返，無必須與絕對，端視行者本身，若如前面故事裡的母親，念頭牽掛，要送返才能安心，此段落則須好好做實修。若心想他們已心滿意足地離開，不修也是沒有問題，完全依行者的心念而為之。

修法者若為三天打漁四天曬網，一天兩天沒修是不用擔心的，賓客們也會知道，等這行者有修法時再來就好。若是每天修持，像是長時間閉關者，或是天天當作日課的行者，已經是固定時間修法，持之以恆了好幾年，則不能中斷；之所以不能中斷，是因爲長期修行下來，其威力非常強大，若中斷或是中間出了差錯沒有修，前功盡棄，影響是非常大的，上師一定是會以不能中斷來開示。還有視其修法初始時是如何發心的，如果是三天兩頭就休息未修法的行者，因爲其威力沒有如此強大，可以不必擔心這個問題。

灑淨時使用寶瓶及紅花水

灑淨時需要使用乾淨及沒有污垢的容器，基本上寶瓶水要放甘露及紅花。若沒有甘露，也要放紅花；若都沒有，使用清淨的水來灑淨也是可以的，但最好是使用寶瓶及紅花水來灑淨。

在外旅行無陽台可放煙供爐時，可暫放於室內

因爲特殊原因而煙供爐須放在屋裡時，要將其置於遠離行者之處。如果無法準備煙供品，一炷香也可以，念誦儀軌時不能處於點香或是煙升起的旁邊，要稍有距離不要太靠近，前文已有講解須遠離煙供爐的原因。

信施難消：十方信施所形成的晦氣

法本在第一頁裡有寫到拉尊持明命修，尊者爲一大成就者，是西藏一位非常重要的上師，所修之法都有很大的威力，山淨煙供法本爲其取出的心意伏藏所撰寫留存下的教法，聖者取出的持明命修法本有很多，山淨煙供法本爲其中之一。此法非常地重要，裡面的內容不僅只是供養三寶、三根本及賓客，及能累積資糧、清淨罪障如此而已；還包含透過山淨煙供的實修，使行者本身證悟，以及能掌握禪修及達到大圓滿的

關鍵，也包含了修行如何能突飛猛進的要點。

此法對禪修士非常重要的另一個理由是什麼呢？眾生於順境時是不思上師也不思佛法的，處於逆境時才會想到上師及佛法，再去找師父修法做供養。信士的供養稱爲信施物，他們抱著強烈的信心及期望來請師父修法，禪修士此時收受的信施物，具德的上師會好好修法迴向，但有的上師只重視衣食及名聞利養，未能如理如實修法，則是浪費了信士給的供養，就算修法做了迴向，也是無任何利益的。

常有人問一般修法供養用的米或是供曼達的米是否能食用呢？

其實就供品來講是否能享用，如何知道其中的分別，也是非常重要的。我們在做供養時，對於所供養的對象，供養後的供品是否可以享用，是要先考慮的，瞭解之後再來行供養。

供養給三寶、壇城聖眾的物品，要當作加持物、成就物，是三寶賜給我的而去享用，如果只是當作一般食物，此物則只是十方信施物，會如前面所說的產生受用的後果，而得到晦氣，因此蓋障則會發生。有件事情能證明這種說法，如薈供結束後，你是否只想到自己喜歡，甚或去挑自己喜歡的供品，左挑右挑，喜歡吃的是加持物，不喜歡吃的，你會想成是加持物、成就物嗎？若都是加持物，則不會有喜歡或不喜歡的分別，這就是要改進的地方。大家一定要瞭解，無論是供養三寶或是壇城聖眾，都要當作是加持物、成就物來享用，對此要勝解。

在不丹及西藏有個傳統，獻曼達後，若裡面放的是米，是不可以食用的。我們要深入瞭解原由，並非米有毒，或是吃了後會腸胃不適，而是獻曼達在行持上是屬布施波羅蜜中殊勝的實修方式，布施波羅蜜中，再也沒有比獻曼達更殊勝的了。透過獻曼達的布施，此曼達累積了廣大的善根，加持力強大，無法消化的人，吃了後可能會有影響，又稱「信施難消」。也因爲沒有化解的能力，而享用十方信施，可能會產生很大的蓋障。

水供也是一樣的問題，七杯水的供養，如前所開示，也是不能飲用的。在西藏供品裡，水的供養最爲殊勝。大佛尊阿底峽尊者開示：「於此藏地，以水供養爲最殊勝。」因水清淨且易取得，人對其執著小、慳吝心小。供水的因緣善根是非常廣大的。

有人用珍貴物品供養，供養愈大，內心的貪著也非常強大，如果供養大，貪著慳吝心也大，利益會大打折扣。若只是供養小小的東西，無貪著慳吝心，其善根是大的；但若是能供養極爲珍貴物品，而心中無任何不捨，善根當然是更加廣大，這是很容易明白的道理。

因此大佛尊開示了供水的利益，也由此開示形成一個每日晨起供水的傳統，不丹也是如此。例如供牛奶，有人會想供上去會酸掉，而起了他心，如此不如供水。所以在上供時，絕不能有慳吝之心，這是很重要的。

以此緣故，上師及信士都累積三界輪迴的因。古有云：「施主一粒米，大如須彌山，今生不了道，披毛戴角還。」享用十方信施，若沒有使用得當，無如理如實修法及迴向，會轉變為穢氣，成為行者的障礙，並造成如身體不舒服及很多災難發生。產生了障礙後，則行者的地道功德無法增長，這也是很多行者每天修煙供的原因。

修法者，無論是師父或徒弟，誓言衰損也很容易發生，誓言衰損的穢氣，也是讓行者入金剛地獄的原因之一。要把信施物的晦氣消除，誓言衰損的穢氣消除，使這些罪業蓋障消除，非常重要的一個法就是煙供，所以山淨煙供是金剛乘很重要的煙供法。

煙供修法於送返賓客前，須給與法布施告誡

於山淨煙供儀軌內有以下四句佛法告誡頌文：

魑魅任眾住此或他來
列於地上或天空皆可
願能常時慈愛有情眾
白晝夜時皆能行正法

此四句誦文爲法的布施，是對鬼怪邪祟說法解說法義。

之前燃燒供物爲財物的布施，之後再加上法的布施及告誡善有善報，惡有惡報。

接著是本尊的收攝次第，迴向及發願文，以此修法次第來圓滿一般煙供的修法。

2

山淨煙供法本內文詳解

以上大略概說了修持一般煙供或是山淨煙供時應該注意及須瞭解的共通事項，接下來將依照山淨煙供法本儀軌作逐句頌文法義的深入解釋。

因經教性相乘門及果密咒金剛乘門

總體來講，佛開示了八萬四千法門，方便善巧地爲了利益及調伏眾生根器，依其種姓及喜好，順隨因緣而做開示。這樣眾多的教法，可歸納爲以下兩種：

1. 以因做爲道路的教法：爲因經教性相乘門。
2. 以果做爲道路的教法：爲果密咒金剛乘門。

除這兩種以外，已無其他教法，而煙供教法則是匯集以上兩點。

現在所要教示的，是以果爲道路的教法來講解煙供。前面已經將煙供的歷史、原因及內容分類做了說明，也講解了簡略做煙供的方法、起修的緣想及觀想方式。接下來將以煙供法本的詞句內容，及如何結合禪修法來修持煙供做講解說明。

山淨煙供實修前的準備及修法儀軌順序

物品準備

一般密宗修法的儀軌，需要準備朵瑪食子供品、鑼鼓，還有儀軌裡所要求的供品及修法的器物等，都要備足齊全。而山淨煙供是一個方便實修而不複雜的修法方式，簡單又輕易地即能積資淨障。山淨煙供主要是以觀想爲主，沒有繁雜的物品需要準備，所以在很多處所都可以進行修法。

於河邊、山邊、草原或曠野上修持山淨煙供，利益是非常廣大的。在修法時，要用無毒的植物如草、葉子先堆起，上面再放無毒又可食用之供物疊起做煙供。更理想的方式是做一個可以用來燒火的灶子，再將要做煙供的物品放入，這是爲了避免因做法不當造成傷害。若是直鋪在草原上起修，反而會對當地的山神、地神、山精鬼怪造成傷害，最好的情況是置於灶內，或檯子上，或可將石子堆置於上再做煙供供養，則能將傷害減少。

開始修煙供將煙供物燃起後，切勿坐於旁邊或於附近遊走，或借火取暖，以上的行爲都是不可以，也不適當的。因爲當煙供物燃起時，壇城聖眾、具誓海會、護法神，山神、地神、山精、鬼怪、地基主等受迎請而來，也會率其眷屬、騎馬、犛牛、獅、象等千軍萬馬，靠近火旁邊容易被碰撞到而受傷。

前行要先準備好乾淨的器皿，若是於戶外修法，就放大灶子，之後於爐內放入樹葉、草、上等木材、藥、香、三白、三甜、可食之物，前提是要安全無毒之物，點火燃燒之後即開始修法。

最好準備蓮師的佛像，若無佛像，也可準備唐卡，若也沒有唐卡，至少也要有煙供相關物品。接下來是調整動機，要發起心意廣大的菩提心來修法。

儀軌順序次第

首先是先進行前行法本念誦，此部分包含以下順序：

1. 八吉祥文、蓮師七句祈請文、傳承祈請文及本門上師傳承祈請文。
2. 皈依及發心。
3. 七支分。

4. 自生本尊爲忿怒蓮師。

5. 念誦蓮師心咒至少一〇八遍

之後再進入山淨煙供儀軌正文部分。

若沒有前行的法本，念誦八吉祥文後，可以接著念誦山淨煙供儀軌。若是八吉祥文也沒有，則先盡力念誦多次蓮師七句祈請文，之後才開始修山淨煙供儀軌。

山淨煙供修法前應該先明白的三要素

首先是所供物品，將所要獻供物品做加持及變化出各種各樣供品來獻供。

再來是要觀想獻供養的對象，要將加持過的各種各樣供品獻供給誰呢？

最後是要如何供養？供品加持完成，也清楚明白所要供養的對象，此時要明白所供物品要以什麼方式來獻供。

法本內的頌文，會依照以上三個注意要素來實修煙供。

法本頌文釋義

此法本為拉尊南開吉美聖者所寫。煙供實修的儀軌有很多種，此山淨煙供為煙供裡最為殊勝的儀軌，內有「口訣」精要在裡面，須依此儀軌做實修。

皈依文

嗡啊吽

等空有寂皈處心要萃

懷猛持明蓮花顱鬘力

汝身顯有勝者壇城圓
度眾脫離三有故皈依

在眾多修法儀軌中，就算沒有很多的供品，只準備一個朵瑪也是可以，但皈依發心文則一定要念。皈依的理論非常地廣大，地道理論對此有許多闡述。此煙供法本裡的皈依文，配合極高的禪修境界，其釋義有外、內、密之多，但在此只對字面上的皈依文略做解釋。

嗡啊吽

代表諸佛三金剛的咒語。「嗡」代表一切諸佛的身金剛；「啊」代表一切諸佛的語金剛；「吽」代表一切諸佛的意金剛。

等空有寂皈處心要萃

遍等於虛空的眾生，爲了能夠脫離三有（生有、死有、中有）輪迴的痛苦，能入於寂靜涅槃，而能做爲大家皈依處的即是依著聲聞、獨覺及菩薩無上佛果，三乘修行的道路果位上循序前進，直至證得究竟佛果。而我們所皈依處的心要又是什麼呢？即是佛。

所以佛的心要精華是三乘修行的果，而在果裡面的心要精華部分，即是佛的一切智及佛的無二本智。

佛的心意、無二本智、一切智，再濃縮成爲精粹，而能夠推動達成此精粹者，即是蓮花生大士，而推動達成的兩個主要方向，一是懷攝法，另一是威猛法。

懷猛持明蓮花顱鬘力

一切諸佛的事業，息、增、懷、猛，能夠推動達成者，即蓮花生大士。佛的心要是一切智，而心要濃縮達成者以蓮花生大士做代表，他能推動佛總體利益眾生的事業，蓮花生大士主要是行懷攝法及威猛法的事業，是一位以懷攝與威猛法並已獲得四種持明果位的成就者。

持明果位依序爲：1.異熟持明，2.長壽持明，3.大手印持明，4.自成持明。

在息、增、懷、猛四法中，又各能得到四種持明果位者，則以蓮花生大士爲代表。蓮花生大士爲成就最高的自成持明果位之聖者，爲佛的無二本智，世稱第二佛，又名爲蓮華顱鬘力。

結合前兩句頌文來解釋：遍等於虛空的眾生，於三有輪迴的道路，要能得解脫，入於寂靜涅槃，而能皈依的處所心要，即是依著三乘的道路及果位來前進；而三乘所依的果，是無二本智，爲一切智的佛。若將佛的無二本智再歸納成爲精粹，則唯有蓮花生大士能推動佛的事業，他是佛的一切智，並特別以懷攝法及威猛法來行佛事業，以此二法並已得自成持明果位者，爲佛的無二本智，人稱第二佛的蓮花顱鬘力。

此句意爲倒序法，先有導文敘述所成就的事業，再引出重點，提出名號，爲一畫龍點睛之序文。

汝身顯有勝者壇城圓

於蓮師尊身中所顯的器物世間，三有輪迴眾生，所有諸佛及殊勝樣貌都圓滿顯現在蓮師尊身中。汝身指勝者蓮花顱鬘力的身體，而「顯」指山河大地，「有」指三有輪迴的眾生，「勝者」爲佛，於勝者蓮花顱鬘力尊身中，包括所顯世間及三有生命的諸佛壇城都已經圓滿了。

「顯」：山河大地，器物世間，指無生命眾，轉變爲清淨的樣子，本智自顯的無量宮殿，爲所依的壇城。

「有」：三有輪迴眾及六道眾生的有情世間，指有情生命眾。觀一切眾生爲勇士、勇女，天神、天女，成爲本尊天，爲無量宮殿裡面的壇城聖眾，爲能依的天尊。

顯有壇城爲何說是圓滿呢？因在眾生眼中所顯現的山河大地，已轉變爲清淨的樣貌，爲本智自顯的無量宮殿。眾生眼見爲山河大地，而佛所見爲本智自顯的無量宮殿，以此爲所依的壇城。在能依的天尊方面，爲三有輪迴的眾生變化爲勇士勇女、本尊天神天女，是為壇城聖眾。一切所顯皆為清淨，所依為無量宮殿，能依為壇城聖眾，就蓮花顱鬘力的身體來講，山河大地全部已清淨，轉變為清淨自顯的無量宮殿，三有眾生全部變化為本尊天、勇士勇女、本尊天神天女。所以能依天尊及所依的壇城，完全地圓滿於尊身中。

度眾脫離三有故皈依

能救度三有眾生脫離輪迴中最殊勝者，唯蓮花顱鬘力而已。其示現本尊天壇城。我們眼見的即為不清淨的所顯，為山河大地及輪迴的六道眾生；應觀想器物世間山河大地，轉變為清淨的本智自顯的無量宮殿，有情世間的眾生轉變為諸佛菩薩，或成勇士、勇女，本尊天神、天女，都安置於無量宮殿中。此為大圓滿的觀修方式。

如此思惟，能安住在此大圓滿的見地上，稱之爲「皈依」。安住在大圓滿的見地上，信心堅固穩定稱爲「見地把握」。若能在見地得到把握，不會動搖，則會視一切物爲清淨浩瀚，廣大無邊，山河大地爲本智自顯無量宮殿，眾生爲本尊天之天神天女、勇士勇女，安住此見地上，此見地是爲勝義諦的皈依。爲無能見，無所見，無能依靠，無所依靠，無求皈依者，無所皈依者，亦無皈依聖眾，因爲一切皆爲清淨浩瀚，廣大無邊，無差別的存在。關於皈依的說法眾多，前面說到在修持煙供時，要調整動機發菩提心，以此大圓滿見地爲皈依而開始修法。

現在的修行者未能得到大圓滿的見地，就算契入見地，也未能得把握，其實是爲甚解爲道。行者要觀想蓮花顱鬘力爲三寶（佛、法、僧）總集，三根本（上師、本尊、空行護法）的總集，三身（法、報、化）的總集。身是僧寶，語是法寶，心意是佛寶，對此信心強烈，勝解強烈來做皈依。

發心文

勝密本智光明明點基
有情三障淨於身語意
明點之中自成四顯狀
童子瓶身解脫發心矣

逐句解釋如下：

勝密本智光明明點基

「勝密」：祕密裡面最殊勝的。此處所說之密，一切的祕密，指最殊勝的為「本智」。勝密是配合後句詞意「本智」來說，意爲祕密裡最殊勝的爲「本智」，詞意才能相連。此處本智之殊勝，要配合地道理論來闡明，配合上乘道路者內心的證悟，其內心的證悟稱爲「本智」，現在所說的非指一般，而是指上乘道路的證悟。

上乘道路所證悟的本智分兩種，一爲「比喻本智」，另一爲「勝義本智」。本智爲樂空無二，是祕密之中最殊勝的。以上乘道路來講，本智之中最主要的是「勝義本智」。「勝義本智」在闡述什麼呢？即是樂空無二的本智。那樂空無二的本智是什麼呢？即是對萬法究竟實相了悟的內心。而此處談到勝密本智即是樂空無二的本智，對萬法實相了悟的內心。行者若要得到勝義本智，則要靠兩種資糧：福德及智慧。若無此二資糧的馬車，則無法達到勝義本智的目的地。

要得到樂空無二的本智「見道位」果位，得果位之前一定要累積資糧，福慧二資糧須具足。五道的前二者「資糧道」及「加行道」都無緣得見樂空無二本智，一定必須證入到「見道位」之後，才能契入對於萬法實相了悟的內心眞諦，才能見到眞諦實相，而才有勝義本智及樂空無二的本智。

而唯有具足福慧資糧的馬車，才能達到勝義本智的目的地。而要累積福慧資糧，需靠兩種光明：

1. 顯分的光明：累積有所緣取的福德資糧。
2. 空分的光明：累積無所緣取的智慧資糧。

所以行者由此二光明去累積圓滿資糧而能得樂空無二密勝本智，最後證入萬法究竟實相。而實相即是「明點基」，明點的基礎。即實相勝義諦的本智，即是對勝義諦實相了悟的那個內心。

有情三障淨於身語意

對實相勝義諦了悟的內心明點基已得到，眾生的三種蓋障才能祛除而得清淨。三障爲：煩惱障（粗分）、所知障（細分）、習氣障（極細分）。

當得到樂空無二本智證悟究竟實相，眾生三種蓋障清淨了，自己身、口、心轉爲佛的身、語、意三門，得諸佛菩薩身功德、語功德及意功德。但要如何得到及達成呢？

這需要有以下「四顯」的道次第。

明點之中自成四顯狀

自成四顯，爲大圓滿的道次地。光明是道路，本智是樂空無二，即對萬法實相了悟的內心。但樂空無二的本智，要靠光明的道路，是指靠顯分的光明去累積福德資糧，空分的光明去累積智慧的資糧。兩種資糧具足之後，而能得到一個圓滿究竟的果位，稱之爲「明點基」。

透過「明點基」能淨除三種蓋障，即是把煩惱障（粗分）、所知障（細分）、習氣障（極細分）三種蓋障斷除；習氣障有另一個名字，稱爲「三顯遷移」，此習氣及污垢淨除，才能成佛。此「三顯遷移」的污垢，以顯教乘門來講，稱爲「金剛喻定的所斷」，即成佛前，要進入一個禪定，稱之爲「金剛喻定」，於此定中，把極細分的污垢滅除而能成佛，將之斷除的能力，在顯教乘門，稱爲「金剛喻定的所斷」。

而顯教在「金剛喻定」中所要滅除的污垢，在密咒乘門稱「三顯遷移」習氣。無論在各乘門如何稱名，都是要把此三障污垢滅除。三障滅除後得身、口、心的清淨，轉成為佛身、語、意三金剛，才能把眾生三種蓋障滅除而得明點基。加持眾生身、口、心三門，轉成佛的身、語、意三金剛，加持成三金剛的自性，就是使眾生解脫之意。

顯是對主體來講，相是針對對境的外相而言。分得很清楚，東西的樣子叫相（東西的樣貌），我所看到的東西叫顯，是對我顯現出來的，顯與相是不同的。而這裡要提到的大圓己道，大圓是指大圓滿，有兩條道路分別為「元淨堅斷」和「自成頓超」，其他乘門沒有，只有大圓滿自己有，故稱「大圓己道」。在成就三金剛的過程中，會經過大圓滿自成頓超的道路稱為「自成四顯」；自成四顯是屬於頓超的道路，此處所講解的皈依發心是用大圓滿自成頓超的教法來利益眾生。

顯教乘門有地道功德，五道十地的功德，而此四顯為大圓滿自成頓超的道次第。自成四顯分別為：

1. 法性現識。

2. 覺受增廣。

3. 覺性達量。

4. 法性窮盡後成佛，即是得童子寶瓶身。

自成頓超的自成四顯，此法是爲精進者所開示的道路，而元淨堅斷是爲怠惰者所開示的道路。

爲何如此說呢，因爲頓超的道路有很多實修的工作要做，要配合三種坐姿、三種看姿，非常辛苦勞累，而上師則視弟子根器，對精進者開示頓超之道路，對怠惰者開示元淨堅斷的道路。

藏音「確切」翻譯爲元淨堅斷。藏文「確」是指斷了，「切」爲堅定之意，意即很堅定、很穩定；元淨的「元」是指開始，當行者妄念消失而沒有念頭，再經過禪修的證悟，而達法性自然的覺性。我們有一個如來藏，即覺性本貌，在其中佛的功德完全齊備，這只有寧瑪派獨有的教法，外道沒有，小乘也沒有。當我把妄念斬斷消失時，覺性本貌出現時，會非常肯定如來藏的存在。例如，當此人沒有吃過甘蔗，和他說甘蔗如何甜，他不會瞭解，等到他自己吃過甘蔗，才能明了，一切是無法言傳，只能自己體會，一旦體會甘蔗的甜，內心一定會很肯定，不似之前的預想與猜測，是完全不一樣的體悟。對於書本裡講、上師開示，還是摸不到精髓，當內心妄念被斬斷的時侯，心中那個肯定、穩定，及堅定覺性本貌會出現，稱爲「堅斷」，爲寧瑪派不共的教法。立斷爲禪修的方式，堅斷爲禪修的覺受。

大圓滿自成頓超道路，經由自成四顯及四明燈實修而得童子寶瓶身：

童子瓶身解脱發心矣

在自成四顯的道路上，須運用四個明燈做實修，還要配合三種看姿、三種坐姿，此看姿及坐姿的用意是爲了要擰出身體裡已具有的佛的功德，此稱「壓迫關鍵」或稱「收束身體」。舉個比喻，我們洗臉時用的毛巾，毛巾上有水，如只是放著，水就停留在毛巾上，不會自己流出來，若用力擰毛巾，水一定會被擰出；我們身體裡有佛的功德，身體及心裡全都具有，要如何壓迫使其出現，則需靠三種看姿、三種坐姿。

這些實修所要依靠的基礎則是透過四燈的理論，而這四個明燈依序分別爲：

1. 遠索水燈。
2. 法界清淨明燈。

3. 明點空燈。

4. 勝慧天然明燈。

佛學名詞稱爲「壓迫關鍵」或「收束要點」，此二項還要靠「四個明燈」的實修。內心會經歷過四顯，此四顯爲內心的證悟，等四顯的道路也經歷過了，則會得證「童子瓶身」，顯教稱之爲「法身」，密咒乘稱爲「大遷轉身」，而於「童子瓶身」中得解脫。文中說「童子瓶身解脫發心矣」，以爲得證此果位而來發心，即發願要得證這樣的果位，去利益眾生，使眾生得解脫，依此而來發心。

對於皈依發心，於往聖先賢及諸大上師們有諸多解釋，我們於這裡解說的發心，是以大圓滿的道路，得到究竟的果位，去利益眾生，使眾生能滅除三障（煩惱障、所知障、習氣障），加持他們身、口、心三門，轉成佛的身金剛、語金剛、意金剛。於此過程當中，須走自成頓超的道路及實修四明燈，之後經過四顯而得童子寶瓶身及法身的果位，因此要發願這樣去修持。

前面談到的三種看姿、三種坐姿及四明燈，四明燈是為了使地道、力道圓滿，之後得到童子寶瓶身。眾生不能解脫，是因為仍有污垢要滅除，即三種障礙滅除斷根，污垢滅除後會形成無，而此污垢滅除的無，稱「滅諦」，即是解脫的果位。

因為現在是配合大圓滿法來做解說，故童子寶瓶身也稱為「大遷轉身」，為勝義諦菩提心的內容。我們在發心時，最好的方式，即是用勝義諦菩提心去發心，但要怎樣才能達到呢？首先用世俗諦去發心，世俗諦是粗分，即是以利他善良的心及好的內心去發心，由此方向經常地去做。

一般而言，發勝義諦的菩提心對我們來說有困難，大圓滿禪修士都是利根行者，我們先在世俗諦的菩提心上及利他善良的內心上努力去做，由粗分引出細分，努力做實修，故先由世俗諦去發菩提心，由此來引發勝義諦的菩提心。而實修軌則的大圓滿道路就是方法，利根者於見地上尋找觀修，先住於見地之上，而去做觀修。鈍根者於觀修上尋找見地，是沒有見地就實修，雖然漸修後產生見地並不容易，但大圓滿的禪修士應當如此實修。現在我們一般多數是鈍根者，在觀修上尋找見地算是比較方便的方法。

四種要訣：心貌直指、契入見地、保任見地及見覺性本貌

在修法前，拜見上師，依止善知識，請求傳授口訣或是教誡，因此是和見地有關係，此稱「心貌直指」，即對內心的本來面貌的直接指示。上師直指之後，則要依上師給予的口訣及教誡來觀修，並爲了能證悟內心本貌而做實修，起修後證入內心本貌，稱爲「契入見地」；這些都是大圓滿法的稱詞，一般稱「證入見地」。上師給

了「見地直指」，弟子要「契入見地」，即能在將來的某天證悟覺性本智，在證悟覺性本智的當下，則稱「契入見地」，「契入見地」後開始做實修，而能安住在此見地中繼續做觀修，大圓滿稱「保任見地」。在「保任見地」中持續去做觀修，僅一輩子就能成佛，證得虹光身的果位。此是依著自成頓超的道路繼續實修而能得虹光大遷轉身，也一定能即身成佛。

當成就虹光大遷轉身會有兩個樣貌產生，即為心融入法界及身裂為細塵。

法對於眾生，以一個身軀及一輩子的努力來實修，有可能成佛，惟現今為五濁惡世的時代，眾生心混濁，前面所提及的眾多成佛的方法，礙於眾生心混濁而無法明瞭，法雖然仍存在，但眾生卻無法實修，這就是緣分薄弱的徵兆。

緣分薄弱的徵兆為：法雖流傳於世，眾生卻無法實修也未能契入見地但仍做觀修，然而正確修持則應該是要契入見地來做保任。

有些修行者拜見了上師，也請求心貌直指，請了許多法，得口訣又做實修，但卻沒有契入見地，因其知法雖甚多，也因而起了傲慢心，此情形古有云：「法對心沒發揮用處，但法對名起了用處。」因其自稱爲大圓滿的行者，到處宣揚自己得到了哪些法而驕傲自滿；雖然他請了法也做了實修，但因未契入見地，對自己內心無法產生幫助，只助長了他以傲慢累積的名氣。

眞正的大圓滿行者，要從「契入見地」開始才能稱之爲大圓滿行者。由拜見上師，依止善知識，承事善知識，請求給予心貌直指的口訣。在上師傳授後，經努力實修，修習至覺性本貌現前而證悟空性，顯教稱此爲「證悟見地」。

大圓滿稱「契入見地」，契入見地是爲了證得「覺性本貌」；從此之後要開始做觀修保任；顯教稱爲「觀修」，大圓滿稱爲「保任見地」，即行、住、坐、臥都保持在見地之上，持續不斷，成佛則有希望。

行者從上師處得到心貌直指口訣後開始實修，以大圓滿的壓迫關鍵，三種坐姿及三種看姿將佛的功德擰出，好比之前所說的擰毛巾道理，將毛巾中本來就存在的水用力擰出，因爲佛的功德本就存在的。之後契入見地，進而證悟覺性本貌。

然而行者依止善知識後，又爲何無法契入見地及得證呢？

原因有很多。其中一個原因，當上師開示完，但弟子不遵從，又有前述的三障（煩惱障、所知障、習氣障）影響，需要等到將障礙滅除到某種程度；又因著每個弟子的障礙不同，而要做的實修也不同。就算十位弟子在這裡，障礙的濃厚或淡薄，都會影響對上師的恭敬心、信心、誓言守護、勝解心，所呈現出的地道功德都會不同。有的弟子誓言守護是上等，有的是中等，有的人是時有時無，所以會影響弟子地道功德上的進步，成就快慢不盡相同。最重要的前提是需要滅除三種蓋障，上師也應依弟子根器而做教導，告知其方法。上師會教，弟子也須完全遵從，才能見「覺性本貌」。

對於清淨罪障來說，有大蓋障及小蓋障之說，還有所需的時間長跟短都是不一定的；有些禪修士依從上師所說的規矩實修，誓言純淨，信心強烈，但始終無法契入。大圓滿裡有個特色，並非蓋障少或是好人就能早契入「覺性本貌」；蓋障多或是壞人則就較晚契入「覺性本貌」，這是沒有規則與定論的。也有罪大惡極者，因能改過向善，努力做實修，在很短的時間內遇到了一個順緣，此時若再得到上師傳授口訣，因此順緣而證悟「覺性本貌」，即身成佛的情形都曾經發生過。

好緣起及順緣的重要性

在大圓滿裡，遇到「順緣」，即好的緣起是很重要的。總體來講，蓋障少的人是比較容易證悟；但就個別來說，有一個好的緣起，也是很重要的。

往昔有一大成就者林列巴，修得「虛空三震」的口訣（大圓滿裡的教示，是指外、內、密三個虛空震動）。在修持外相（外在的虛空）上，晴空萬里無雲的日子，是修法的最好時間，林列巴上師帶著弟子做修行，透過晴空萬里無雲天空，教導弟子口訣與做實修，指出「覺性本貌」及證悟內心的法身口訣；之後詢問弟子修行的覺受，有無契入「覺性本貌」呢？弟子回覆：上師雖然做心性直指，但自己卻沒有能契入覺性本貌。此時突然有一個狗吠聲，上師問弟子：「有聽見狗吠否？」弟子回：「有」；上師再問：「聽到狗叫的那個心識，其本貌爲何？」，此時弟子則頓悟見到了「覺性本貌」。

此緣起是非常好的，這也是大圓滿裡的一個特色，「好的緣起」是很重要的。但總體而言，爲清除蓋障，要努力做實修，在未達到之前，還是要由四加行或五加行修起，一步步來做實修。

但也有修行人努力做實修，但卻把緣起給破壞，下輩子投生到金剛地獄去的情形。所以須小心謹慎，結下一個好的緣起，在大圓滿裡一直是很重視的。

七支分

性覺不造本然予頂禮
離底離邊光明獻供養
輪迴涅槃等性中懺悔
廣大離心法盡予隨喜
請轉自成大圓滿法輪
祈請從徹底處斷輪迴
已離三輪緣際邊迴向

皈依發心之後，行者在累積資糧及消除罪障部分，則需靠七支分。此山淨煙供法本是以深奧的大圓滿見地爲實修的基礎。

七支分供養文是積資淨障的濃縮精要，具備強大的法的威力，能夠有效地幫助大家達成積資淨障的學法條件。但可惜的是，現今的普羅大眾都只是把七支當做一段傳統修法時的頌文來念誦而已，很少人會在念誦的同時內心也能隨文觀修，其實這段七支供養文是很值得大家重視的頌文。

頂禮支分

性覺不造本然予頂禮

頂禮是用來對治傲慢之心習性，因此在念誦此句時，內心應同時讓自己的心處於謙卑來調伏自心的傲慢之習氣，這也同時發揮了對付煩惱的威力。

上等者爲見地頂禮，以安住在大圓滿見地上來做頂禮者。中等者爲禪修頂禮。末等者爲勝解頂禮，即以信心強烈來頂禮。

上等者以本性的覺性，不造作的本然，來做頂禮。本性的覺性本身是不造作的。內心妄念紛飛，雖呈現出很多的樣貌，但無論如何，一定有一個本性存在，這內心的本性及勝義諦的本智，就是覺性；而覺性本身是什麼樣子呢？覺性本身是完全沒有造作的，此造作指的就是妄念及念頭。

爲何稱爲眾生呢？就是眾生伴隨有妄念，有念頭的就是眾生；如果能夠離開妄念的，則稱之爲佛。內心有一個本性即是覺性，覺性本身不造作，離開妄念紛飛。大圓滿裡開示：「坐下爲眾生，站立起爲佛。」即爲無妄念、無念頭，即是本然。

本然即內心本性爲覺性，是不造作的，沒有妄念或摻雜到念頭的這個功德，即爲本然。本然是三身，覺性是法、報、化三身，是本來具足的，所以稱之爲本然，如果安住於此，那就是頂禮。上等的見地頂禮，則是如此觀修。

供養支分

離底離邊光明獻供養

供養的修持是用來對治慳吝之心，透過觀想將供品變化成無量無邊的供品來做供養，內心能夠毫無吝惜地全心奉獻來供養。

離底離邊光明獻供養，是以離底離邊，無中無邊，甚深難以測量的光明來做供養。「光明」，大圓滿裡有講到「比喻光明」和「勝義光明」，此爲勝義諦光明，即法身。法身是無可丈量的，以安住於勝義諦光明的法身來做供養。一般的修持是用下乘門的七支供養，有能修和所斷，能修是要做頂禮，所斷爲傲慢心。此處的修持法是安住在大圓滿的見地上，即是頂禮，安住在法身見地上，就是供養。

懺悔支分

輪迴涅槃等性中懺悔

一般懺罪主要是要懺除自己從無始輪迴以來至今的瞋恚之習所累積的一切罪業，以懺罪來淨除罪業蓋障，從而幫助自己實修進步。

在此處，行者以輪迴涅盤平等性中來做懺悔。將三有輪迴視爲不好而要袪除，寂淨涅盤是好的則要去追尋，若有這種想法，則是妄念紛飛。行者應把輪迴涅盤當作平等一味，安住在輪涅無別中，因爲沒有能懺、所懺的差別存在，安住於其上，得見地的把握，此爲最殊勝的懺悔。

隨喜支分

廣大離心法盡予隨喜

隨喜主要是對治嫉妒之心的習氣，雖說自己已發心修行，不過在內心中與同修們彼此之間的嫉妒之心仍然很強烈，這也就會導致自己修持一無所成；當同修們在進行各種善業修持時，自己的內心應當爲對方感到高興並且生起隨喜之心，如此一來自己的內心就不會產生嫉妒之心從而毀壞自己的修行。

而廣大離心法盡予隨喜，是離開內心並將內心的念頭全部滅除，稱爲法盡，法盡即是「自成四顯」中的最後一個「法性窮盡」，此爲大圓滿的見地。徹底滅除內心的念頭，到達法性窮盡之處安住，得到見地的把握，此見地的把握稱爲隨喜。

轉法輪支分

請轉自成大圓滿法輪

轉動法輪主要是用來對治愚癡；我們內心的愚癡很嚴重，以致於無法瞭解佛法的法義，因此請求轉動法輪開示佛法要義，可以幫助自己及他人瞭解佛法的法義，從而滅除自心的愚癡。

轉動自成大圓滿的法輪，即是基的大圓滿、道的大圓滿、果的大圓滿。但大圓滿的道路（大圓己道）只有兩個：元淨堅斷和自成頓超的道路，自成頓超的道路有自成四顯，無論是哪一種道路，成佛的時候，在元淨的本貌上安住，在自成的本質上安住，在這樣的見地上安住，就稱爲轉動大圓滿的法輪。

徹底斷除輪迴

祈請從徹底處斷輪迴

斷除輪迴不入涅槃長久住世，主要是用來對治邪見；因爲眾生與自己的內心充滿著邪見，非常需要佛陀與聖者長久住世開示佛陀的教法，來幫助大家淨除邪見。

祈請摧滅三有輪迴，徹底斷除三有輪迴，前面轉動大圓滿的法輪，身體不入涅盤，如諸佛一樣利益眾生事業，持續不斷。輪迴本然即爲不生不滅，安住於輪迴本然之中，因此不生也不滅，安住於輪迴爲「自性空」之中來做保任，即爲斷輪迴。

己離三輪緣際邊迴向

迴向主要是對治懷疑之心習性。所修持的一切善根功德，都需要透過迴向將其封印保存起來，以避免流失或衰損或是破壞掉，以此來免除耽憂善業的果報是否眞的會兌現的疑慮；因爲修善之後，透過迴向發願封存的保護，將來必定依循因果報應的眞理，產生相應於善業的果報，所以說是對治懷疑之心。

已離三輪緣際邊迴向爲三輪體空的迴向支分。前六項在做供養時，沒有一個主體（主體自性成立爲空）去緣取一個客體（客體自性成立爲空），而緣取的活動本身也是自性成立爲空，即於此三輪無所緣取下，安住於三輪體空上，安住本身即是迴向。

七支供養是眾多的積資淨障實修方法中，最為簡單與精要的部分，每一個供養的修持都有明確的對治目標及很好的對治成效，非常值得大家好好地重視與修持。皈依發心做完，之後接著做七支分的實修，七支分為累積資糧、消除罪障最殊勝的方法，這就是為何修法儀軌一定會有而且不能離開七支分，在七支分上須好好思惟做實修。

自生本尊

煙供開始時要先自生本尊，首先念觀空咒，自觀為蓮花生大士，是因為自生為本尊蓮花生大士。觀空咒：

嗡瑪哈　修聶達　嘉那　班札　娑巴瓦　耶瑪　果杭

觀空咒語爲梵文，咒語意義爲：方便大樂，本智金剛，自性純淨就是我。

念觀空咒的意義，是爲了「自生」的目的，前面皈依發心爲共通的，接下來則要先自生本尊，自生本尊爲蓮花生大士，在觀自生本尊時，要如何去產生出本尊呢？這是要透過生起次第的過程。而生起次第的方式有許多種，此處是對治四種投生：胎、卵、濕、化的四種投生，因而使用投生的反面的「對治」法來做爲生起次第。現在這裡所談到的是對治胎生的方式。胎生的生起次地分廣、中、略三品，廣又分爲廣、中、略三品，中也有廣、中、略三品，略也有廣、中、略三品。

元淨法身法界無滅力

蓮花顱鬘白紅童貌美

相好威燦持杵捧顱器

端美衣飾裝扮盡圓滿
誓智無二眾勝集會身
己成一切輪涅大總祥

此處是以對治胎生的生起次第，是出於略中的略品裡，爲三金剛儀軌生起次第，稱「三金剛生次」中的三種等持，分別爲：

1. 眞如等持。
2. 普顯等持。
3. 原因等持。

念完觀空咒，安住在其咒義上，配合三金剛儀軌的生起次第，以此三種等持來佈局，則會得到法、報、化三身的果位。此煙供法即是用此三種等持方式來生起次第。

眞如等持。元淨的法身法界裡面不滅的力量，是原本清淨的，這是「眞如等持」；一切萬法，都是自性成立爲空，是空性的法界，安住在勝義諦爲空性的法界中，此爲「元淨法界」。

普顯等持。眾生迷惑的內心，不能了悟空性，多麼可憐，故因而產生悲心，此爲不滅力（不滅的力量）。在空性的法義中，有一個悲心的力道不會滅掉，會流露出來，故於元淨法身處所有不滅的力量爲「普顯等持」。

原因等持。有空性法界，又有不滅的悲心，結合一起即爲空悲雙運，會形成蓮花顱鬘力，此稱「原因等持」，即是本尊出現。

本尊出現了，他是何等樣貌呢？身體白裡透紅，爲十六歲年輕童子的形像，身上以三十二相八十種好做為莊嚴，威嚴燦爛；右手拿著金剛杵，左手拿著頭蓋骨，身體端美，衣飾莊嚴齊備。觀想時，須觀自己是誓言尊，同時也是本智尊，已結合在一起沒有差別，為眾勝總集體；集輪迴涅槃總體的祥瑞，即是蓮花生大士。

觀想清晰後，念誦蓮花生大士心咒。自生為蓮師，心咒為：

嗡啊吽（身金剛，語金剛，意金剛）

班扎古魯（本尊，上師）

貝瑪（蓮花，空行護法）

悉地吽（成就，祈請賜予）

觀想自己是誓言尊亦本智尊，已結合在一起，無二差別。自己是蓮花生大士，心間種子咒字「吽」，其外咒字圍繞，爲逆時針方向排列，順時針方向旋轉；爲三寶、三身、三根本的總集，對於擁有一切諸佛身金剛、語金剛、意金剛，三根本（上師、本尊、空行護法）、壇城聖眾，祈請賜予共與不共的成就，爲祈請賜予之意。

持蓮師心咒，念誦蓮師心咒至少一〇八遍

一般咒語次第可以分爲三種：準備支分的咒語、禪修支分的咒語、事業支分的咒語。

修持煙供時觀想是忿怒蓮師。如果修本尊法時，應先修寂靜本尊，待堅固後，才能修忿怒本尊，即使我們現在應該是觀想忿怒本尊，但還是要從寂靜本尊的咒語開始念誦。因爲修法及念誦咒語時，一定要先圓滿寂靜尊咒語及達量，所以在此儀軌處雖然是觀想忿怒蓮師，但是持誦蓮師寂靜尊的心咒。

密咒乘總體的規矩來講，一定要先修寂靜本尊堅固後才能修忿怒本尊。煙供儀軌雖然是觀想忿怒蓮師，但念誦的咒語是寂靜尊的咒。一般修煙供的時候，不是我修什麼本尊，都需念誦一定數量的該本尊咒語，這是有規矩的。現在此煙供法本的規矩是要觀想成爲忿怒蓮師，就如是觀想；但念誦咒語的規矩則是必須先修寂靜尊，修完了才能去修忿怒本尊，若寂靜尊咒語數量沒有圓滿達量，則只能先念誦寂靜尊咒，而不能念忿怒尊咒。咒數有其規矩，若行者於之前已依照規矩，修圓滿寂靜尊咒語數量，才可以修持忿怒尊咒語。

一般規矩是，若需念誦寂靜尊三百次咒語，忿怒尊咒則需念誦至少三分之二數量，即二百次咒語；事業咒則只需念一百次，是這樣依比例遞減的。因爲大家不是修持多年的禪修士，所以在修法時，寂靜尊咒念三百遍，忿怒尊咒念二百遍。如果寂靜尊心咒沒有達量，就只念寂靜尊的咒。

寂靜尊、忿怒尊、事業尊咒語不一樣，本尊長像不一樣，利益功德也是不一樣的。禪修士已修行很久，以前的話可以配合觀修某個本尊，就持那個本尊的咒，觀想寂靜本尊則持寂靜本尊的咒，而觀想忿怒本尊則是以骷髏爲嚴飾，念忿怒尊咒，念誦及觀想都不同。

但此煙供法本觀想爲忿怒尊，則加持及消災除障能更加迅速，祛除鬼怪邪祟更加有威力。但若依照實修的規矩來說，要寂靜尊修完才能修忿怒尊，現在沒能如此做，所以只能念寂靜本尊咒，是考慮到這個因素。但至少外形看起來很兇猛的樣子，形成一個忿怒的外形，來進行威猛的事業。

當觀想自己爲蓮花生大士，密咒乘門行者的前行基礎要先修持好，即蓮師的七句祈請文的念誦，不能少於十萬遍。當前行法及蓮師七句祈請文修圓滿至少一次十萬遍，行者再怎麼裝也至少有七分樣子像蓮師，對方則會害怕。密咒乘門強調「地基基礎」——前行法及蓮師七句祈請文的修持不能少於十萬遍的原因，因前行準備好，當自現本尊蓮師時，也會看起來很像蓮師。

此煙供法是觀爲忿怒尊，觀想本尊爲威猛的形象是有其威力存在的，可讓所修之法的成就靠近、加持迅速，成果很快地發生。觀想本尊爲威猛的形象，修法明晰、堅固、清淨三個生起次第要點齊備。在起修後若犯前述修煙供法時的錯誤，如用品錯誤、供品未準備齊全、供品不清淨、儀軌念誦不正確等，當迎請客人，這些魑魅魍魎、山精妖怪來了以後生氣，但一看到爲憤怒蓮師的樣貌，也較不敢做傷害。

灑淨

用寶瓶甘露紅花水來消除污穢而得清淨。

囊養康（將準備好的煙供物消除污穢而能得清淨）

觀想在空性狀態中，煙供物本質轉變（透過囊養康咒語加持而轉變）成爲無漏本智甘露，外形爲五妙欲（色、聲、香、味、觸）海會，如雲朵層疊遍滿虛空。

以六手印加持

法性純淨印（三次）

嗡娑巴瓦　修達（自性清淨）

薩爾瓦　達爾瑪（一切法）

娑巴瓦　修多杭（淨治垢染，得自性清淨）

——淨治不淨污垢已成空

此咒語的釋意爲自性清淨，將污垢（人我執、法我執）淨除，而得人無我、法無我，內心安住在無我空性當中。將不清淨的污垢清淨，轉變爲空性。萬法的究竟實相——物品本身是自性成立爲空，所以當安住於萬法究竟實相上時，所有毛病、過失、污穢之氣則會消失。

此處無需作手印，只需念誦咒語，此時要準備灑淨寶瓶，對煙供物做灑淨。

虛空藏手印

那瑪　薩爾瓦達他嘎達　久宜比秀目克貝　薩爾瓦　達康玉嘎迭　薩帕喇那

宜芒　嘎嘎那康　娑哈

——各自稱心財富已遍空

每個賓客對供品滿意。以此手印加持獻供物品，所加持獻供物品不可思議，各隨其所意變化出現，遍滿虛空，無邊無際，不可思議，浩翰無邊，又如普賢菩薩變化出的供養雲般層層無盡。

甘露合掌手印

嗡班札阿彌爾達　袞札里　哈那哈那　吽呸

——能息痛苦甘露海已成

能止息痛苦的甘露大海。生病治好要靠藥物，如大海一樣的輪迴眾生，大家的煩惱要滅除，想要脫離輪迴，則要靠正法之藥來解救，而此正法的甘露，就是所加持過的供品，其數量是不可思議的多，供品皆轉變成爲甘露，用此甘露的加持，能治癒煩惱所造成的疾病，消除痛苦。這如同生病了，吃藥可以治好，所以正法甘露能滅除煩惱及消除痛苦。

具力光印

嗡那瑪薩爾瓦達他嘎達　阿瓦洛吉迭　嗡桑巴喇　桑巴喇　吽

——供施受用未知盡已成

令供養及布施的對象皆能得到及攝持現在所有獻供物（八供及各種供物），令其不會衰損及窮盡，如虛空般深廣。

智慧流星印

嗡賈拿阿哇洛吉迭　那瑪薩曼達　瑞咪巴哇　薩瑪雅

瑪哈瑪尼　篤魯篤魯　悉達雅　卓喇尼吽

——聖眾歡欣眾賓已滿足

使供養及布施的對象都很滿足，聖眾歡喜，諸賓客滿足。要現證空性法界本身，這是不離證悟本智之外，是證悟本智力道所顯現。而法界為現證空性力道所顯現，純淨的法界不是凡夫所能了知，純淨的法性也不是凡夫的內心所能瞭解，因此對所獻供物，要觀為了空本智的攝持，在了空本智的攝持之下，一切都是清淨所顯，沒有不清淨物，一切阻礙盡除，能入甚深義理而無礙，能無盡受持而得大滿足。所獻供物，是了空本智所攝持而成為法性，在了悟的本智中去享用這個法性，成為重重無盡而能得滿足。此法界法性，不是凡夫所能享用的對境，所以透過手印來攝持。

聖眾會歡喜，是因爲了空的本智安住在法性裡面，他們內心就會得到滿足。就聖者本身證悟的根本智及了空慧，根本智的對境是法界、法性，所以當了空本智安住在法性上面時，他會得到最大的滿足，因爲裡面沒有障礙、沒有污垢，沒有不好的部分，這個是聖者的部分。因此之故，以了空本智來攝持，聖者安住在法性裡面，法性本智爲三輪體空，聖者安住在無獻供者、無所供物及所供養的本尊之三輪體空中，能得到最大的滿足；正如同前述境界，在了空本智的攝持之下，雖然我們是凡夫，但對此勝義諦的實相，如能夠瞭解、能夠證悟，如果能做到這樣，安住在法界裡面，痛苦就能夠祛除、所求及希望都能實現、追求都能夠達成；也因此之故，賓客也會歡喜。就算行者修行力道不夠，借由咒語的念誦、手印的加持及行者的觀修，因爲有加持的力量，對他們就會產生幫助。

權攝輪印

那瑪薩曼達　不達朗　札嘿秀喇　札貝卓底尼　瑪哈薩瑪雅　娑哈

——利樂事業已歡欣成辦

使眾生利益及快樂的事業都能達成。透過咒語及禪修的力量，賓客們可以得到暫時的利益和快樂，沒有任何的阻礙，所有皆能達成。

透過以上六手印的加持，煙供物皆得加持而成甘露，甚深廣大無比，如前所述，各有其功效及作用，之後才開始獻供養。

接著念誦甘露漩手印加持供品，及純淨印來清淨。

嗡班札阿彌爾達袞札里哈那哈那吽呸（加持供品，變化為本智甘露）

嗡娑巴瓦修達薩爾瓦達爾瑪娑巴瓦修多杭（觀想空性來清淨，使其沒有任何污垢，之後以甘露水灑淨並加持供品）

一切煙供無緣已成為空性　由空狀態「啊」字化珍貴寶器皿

寬廣而且極大眾多　之內有嗡啊吽融化成天物芳香之供品

種種草木之燒煙　食物糌糰青灰繞

焦燎燒煙大雲　燒煙本智之甘露周遍一切地上天空

形美麗　聲悅耳　氣芬芳　味甜美

所觸柔滑　食將未窮盡　飲將常飽足　穿將未耗盡

較山王高更高　較大海深更深　較剎塵多更多　較日月亮更亮

廣大等同虛空邊際之供品　治癒疾病靈藥　贖回死亡大甘露已成

一切煙供物品，無所緣取轉變爲空性，先有器皿才能盛物，「啊」字轉變爲廣大無比的器皿，「嗡啊吽」念誦後，將供品融化成爲天界供養物置於器皿裡，內有天界芳香的供養品、樹木的香煙、珍貴及滋味無比的物品排列。

焦燎燒煙大雲指在煙霧裡有本智甘露，因煙霧遍布天上地下，甘露遍滿周遍一切；形體美妙，聲音動聽，聞起來很清香，味道很甘甜，觸輕軟，此爲色、聲、香、味、觸的供養，所食之物無有窮盡，飲物也不會窮盡，而且吃了會很滿足，穿的衣服有各種各類且花樣華麗，永不匱乏，五妙欲的供物堆起如須彌山般高，如海般深，數量可比擬泥沙，明亮好比日月，如天空般廣大，而且還是能起死回生的靈藥及甘露。

以海螺手印「**嗡阿嘎洛木康　薩爾瓦達爾瑪朗　阿碟努班那都達　嗡啊吽呸娑哈**」念誦咒語三遍，供養海螺水來獻供養。此咒語爲供養咒。此手印爲海螺手印供海螺水，海螺水代表一切供品，代表所加持煙供物成爲無窮無盡，爲一總體供養手印。

此濃煙天女身體青色一面有二臂　右手捧持甘露瓶　左手盆器則盈滿靈藥
臉上充滿微笑神采　右手瓶內溢出甘露以之沐浴地祇龍精五守舍神等眾
罪障病邪一切消　一切穢煞已經為甘露洗淨
左手之內嘩啦啦流出無量靈藥　故龍精地祇一切眾士昏聵醒
已隨念世尊之教言後做為我任希求之助伴

觀想煙裡有無量無數的供養天女，身體青色，一面二臂，右手持裝滿甘露的寶瓶，左手持裝滿良藥及神藥的盆子，臉上露出微笑，右手寶瓶流下甘露，清淨了地主、龍怪、五守舍神等，遣除一切病魔，一切晦氣煞氣，並且以甘露水灑淨，都做好圓滿了；左手盆子裡的良藥，騰騰湧起，能夠澈淨一切龍怪、地主的晦氣，之後他們能隨念佛陀的教導，想起佛曾經的囑咐，而成為修法者的幫助者。

迎請賓客

導師釋迦牟尼為有寂賓客眾圍繞
金剛持為語傳上師眾士圍繞
鄔堅蓮花生為三處之勇士與空行眾士圍繞
聖者文殊為功德賓客眾士圍繞
觀世音為悲心賓客眾圍繞
金剛手為邪祟類冤親債主賓客眾圍繞

觀想迎請以下此四種賓客，累積資糧、消除障礙，要靠這四種客人：

1. 三寶恭敬客：三寶三根本。

2. 功德怙主客：護法神，守護神。

3. 六道悲心客：六道（天、人、阿修羅、地獄、餓鬼、傍生）眾生。

4. 冤親債主客：冤債賓客。

「**那摩不達雅　那摩達瑪雅　那摩桑嘎雅**」爲皈依佛、皈依法及皈依僧。

「**班札　薩麻札札**」此爲金剛誓言，我的內心對三寶是完全信賴寄託，這是我的金剛誓言，金剛爲不壞，表示誓言是不會改變及被破壞。在信心強烈及誓言不被破壞情況下，以此我來做此供養。

前面已經說明了皈依、發菩提心、七支供養、自生本尊、灑淨及加持煙供物品、手印及迎請賓客，現在進入煙供伏藏正文的部分。

伏藏正文

從法本「宗　種種珍寶清澈淨廣器皿……」為伏藏文的部分。之前的皈依文、發心文及七支分，也是伏藏文。

為了使後人修法時能分辨是伏藏正文或是後來加入的儀軌，故於句尾加入特別符號以示區分——若是句尾符號為「༔」者，則此區間為伏藏正文；句尾符號為一條直線者，則是怙主敦珠仁波切所加入的內容。以此方式來表示是伏藏正文，亦或是後人增加上去的句子，此外也是避免有人在伏藏文中隨意加入文字，所以必須區分得非常清楚。

而前面幾頁的儀軌段落，從自生本尊、觀空咒、自成本尊後，以六咒六手印來加持煙供物，再來迎請賓客等，這些部分是怙主敦珠仁波切特別加入此煙供儀軌裡的，因為他考慮到修法的人對自生本尊不太熟悉，所以特別加入自生本尊、加持煙供品、迎請賓客等幾個詳細描述部分，以方便修持者觀想。

所以前面幾頁法本裡提到的四賓客，並非原來的伏藏文，而是怙主敦珠仁波切後來補上去的文字。這是擔心有些行者在實修時沒有那麼熟悉，若是從伏藏文皈依發心、七支分後，直接進入修持念誦伏藏正文「宗　種種珍寶清澈淨廣器皿……」時，修行者會不知道該如何來觀想，也分不清楚四種賓客是誰，所以才補上前文句的敘述，讓行者可以先好好觀想，此稱爲「緣想次第」。

因此在念誦怙主敦珠仁波切補充上去緣想次第的部分後，須先好好觀想，之後再進入伏藏正文時才會清楚。因爲前面供品加持好了，供養對象包含上師、本尊、空行護法眾及賓客都已觀想完畢，就能更清楚與熟悉接下來的伏藏文。

若是初學修行者，前面皈依、發心的觀想都沒有做好，對於觀想上師、本尊、空行護法眾，要做何種觀想，更是無法清楚知道的。所以前面補充加上的文字，是讓不熟悉的人於緣想次第時能更清晰。

所以法本內四賓客的部分，前段補充文及後段伏藏正文的四賓客是相同的。若是觀想能很清楚明白，在皈依發心文及七支供養之後，就可以從後面的伏藏正文開始修法。熟悉的行者可以只修持伏藏略軌，不熟悉者則最好修持整個廣軌。不熟悉的人在念廣軌時，從怙主敦珠仁波切所增補穿插的文字，可以明白儀軌的廣大；熟悉的人則念誦略軌也可以。這不是法本本身有差別存在，而是在於修行者是否已經十分熟悉煙供儀軌，所增補穿插的內容使行者觀修時容易明白及瞭解，緣想次第清楚，以方便修法。

一般修持煙供法，應是整本完整修持圓滿，但若是有時間上的限制，也可以只修伏藏文部分，伏藏文的修法念誦次第如下：

1. 皈依。

2. 發菩提心。

3. 七支分。

4. 虛空藏咒及手印（加持增廣煙供品）。

5. 再接到儀軌「宗　種種珍寶清澈廣器皿……」。

但若時間上允許，修行者最好能整本儀軌修持圓滿。

山淨煙供修法要明白注意的三要點

1. 獻供的供品：首先須先將獻供物做加持。

2. 獻供養的對象：加持後之供品，變化出各種供品獻供及明白要供養給誰。

3. 如何獻供：供品加持完成也清楚明白要供養的對象之後，行者該如何獻供。

宗

種種珍寶清澈廣器皿　世間三有所欲誓言物

三字加持為本智甘露　顯有供品所欲紛陳此

上師本尊札噶與護衛　十方勝者壇城盡所有

贍洲基主六道冤債客　尤其於我奪壽與盜命

病邪進行阻礙之魑魅　夢境惡相惡徵惡兆類

頑劣八部與神變之主　食物處所錢財冤債主

晦神癩妖男鬼與女鬼　刀魂孤鬼村刹女妖眾

紅色冤債付予火焚燒　各各內心所欲欲求雨

何時直至虛空安住時　迴向妙欲功德無窮盡
我於三時所積之罪障　種種享用三寶信薦財
願由燒施火供已清淨　火舌遍滿顯有一一塵
普賢供養雲堆未窮盡　願已周遍勝者全剎土
火舌本智五光供施毫　已遍六道無間處之故
三界輪迴虹身光身解　祈願眾生菩提藏成佛

本尊種子字或無量宮殿種子字，都有各別自己的種子字及種子字的生起次第，而種子字爲空性力道所顯現，皆是由空性生出。

而「宗」種子字本身有兩種觀修方式：

1. 「宗」字變化爲無量宮殿，爲第一種觀修。

2. 「宗」字變化出無量器皿，爲第二種觀修。

此法本的「宗」是以第二種觀修爲所依，爲供器的種子字，是以「宗」字變化出廣大無邊的供器。而其他一般的修法，通常是自生本尊後，再觀想對生本尊，並以對生本尊的「宗」種子字化成爲無量宮殿而爲所依。

觀修為何需要種子字

比方說當我們知道一個人出生，卻不知道他從何處而來，但人之所以能出生是以父精母血爲材料，神識是自備而來。由上輩子的神識加上中陰的因果與業力，才會來投生，由父精母血的種子加上神識而出生長大，而非突然出現，這是我們所瞭解的一個過程。我們現在修生起次第就是爲了對治投生的習氣；而這裡是要對治胎生（人）的習氣，此儀軌要和胎生的習氣相隨順，因爲如果不相隨順，則又如何能對治胎生呢？所以由父精母血加上神識，好像一個種子慢慢地成形本尊般，以此隨順而來觀修本尊；所以不能說本尊是突然出現的，這是透過生起次第，先有一個種子形成而成爲本尊，行者按照儀軌來修持，中間再經過複雜的觀修過程，所以稱爲生起次第。由一個種子去形成本尊，用此生起次第方式來對治人類的胎生習氣，期許由禪修圓滿次第，最後能得法、報、化三身而解脫。所以此處觀想種子字，是隨順來對治胎生的過程，所形成的生起次第。

我們每個人的身體裡有許多種子字，一切的來源皆是內心，而內心包括一切，內心會去形成一切，這些法由內心形成，成佛也由這個心，因爲有了悟的內心才能成佛，一切法皆在內心，一切的種子字也在內心。雖然一切的法皆在內心，種子字也在內心，但在觀想種子字時，也不一定要由內心出來，也可以觀想從天空中之空性而出現種子字。

本尊本身當然也已具足所有的種子字，但本尊有其不共的部分及其宿世發願要廣大利益眾生的部分，因此這些威力會凝聚在一起，故每尊本尊有一個不共的部分，有一個代表此本尊不共的種子字。

有些法本的觀想次第裡，是由行者心坎中間放光，出現自生本尊，自生本尊心坎中間再出種子字「宗」，由「宗」字去形成無量宮殿，有許多儀軌運用如此觀修法，但此煙供法本儀軌並不是如此，勝義諦是由空性中，緣起於顯分種子字「宗」字而變化產生出廣大無邊供器。

此法本的「宗」種子字，並非由煙顯現出，是由空性力道而出現。觀想空性之中出現煙供物品，依空性理論以此當作為煙供器皿的種子字。

現在要把外在器物世間及內在有情眾生的色聲香味觸轉變成供養的供品，這個「顯有」是指經加持而轉化成爲煙供物品。外在器物世間都是清淨的無量宮殿，爲五蘊及五方佛父的性質；而內在有情眾生爲五大種及五方佛母的性質。

凡所顯現的世間物皆爲清淨廣大無邊之淨土，煙爲觀想所依靠之處，供物是從煙中顯現，並非由煙去形成，依靠著這個煙，將煙當成觀想依靠處，而去運用這個煙。萬法是清淨浩瀚廣大無邊，器物世間並非是山河大地的樣貌，而內在有情眾生也不是我們凡夫所顯所看到的六道。

從法性角度來說「宗」這個種子字，萬法實相是自性成立爲空，空是勝義諦的部分，而在顯分緣起所顯的部分，則會顯現出所要供養的供器。在情器世間，萬法實相本來自性爲空，於空中觀想出現顯分，而這個顯分就是用「宗」來表示，因爲有緣起的力量而出現了顯分；也因爲顯分所以出現了各種的供品來做供養。所以我們將煙供點火生出的煙，當作爲觀想所依而放射出廣大供品，這是內心觀想的次第，這部分是行者應該要清楚明白瞭解的。

我們在修法的時候，所看到煙是凡夫所顯，煙是輪迴的東西，不要只把它看作是煙，要瞭解本質是什麼，要將此煙的本質當作是供養天女，天女的樣貌爲身青色，一面二臂，持甘露瓶，而供品無量無邊等，依此來觀想法本上所寫的內容。

雖然說天女並非由煙變出，也不是煙能特別做什麼事，在做觀想時要瞭解法義，這樣文字與意義才會符合。點煙的用意，是要瞭解這煙的本質是供養天女，藉由供養天女的供養，能滿足六道裡面的中陰眾生，中陰的眾生只能聞香的氣味，由此香氣，能祛除飢餓乾渴之苦，但要得到這香氣，則要靠供養天女，所以在此才會說此煙的本質是供養天女。

生起次第堅固穩定的行者，在修持山淨煙供時，即使不用點煙，其內心觀想即能變化出供養天女，也能變化出物品而由天女去獻供養，令壇城聖眾歡喜，享用滿足。

但目前，大家應該都沒有生起次第的能力，所以修法才會需要有所緣依，即是觀想的依靠處。例如我們準備八供來做觀想供養，但也沒能眞的拿清水花香去做供養，是透過加持所緣依變成五妙欲、五甘露，形成無量無邊之後去獻供養。供養時靠的是觀想，也因爲觀想的力量不堅固，所以才會需要這些所緣依靠處。現今行者不要說觀想了，因粗分的妄念未滅，連要做觀想天女去獻供養都做不到，所以只能先依靠煙，將煙當作所緣依靠處，才去觀想清淨的供品，由天女去獻供養。

所供物品

種種珍寶清澈廣器皿　世間三有所欲誓言物
三字加持為本智甘露　顯有供品所欲紛陳此

加持獻供物品，「宗」字變化出所供養供器物品，各式各樣的珍寶，而清澈廣大的器皿是由各種類的金銀珍寶所做成，藏文「欽」字義爲大及清澈之意，指由最上等的金銀珠寶、珊瑚、鑽石各種珍寶所形成，清澈沒有雜質如盆的廣大器皿，周遍三千大千世界那樣廣大的器皿，裝入什麼呢？

世間三有所欲誓言物

密咒乘門說的誓言物等，如五肉五甘露，及世間希求的五妙欲（色、聲、香、味、觸）等物。五肉、五甘露的誓言物及五妙欲物，凡是世間能出現的供品，以透過嗡、啊、吽三字加持爲智慧之甘露，即佛的身、語、意三金剛加持後而變化爲本智甘露。供品變化爲本智甘露及加持後之物品，變得非常之多而紛紛交錯呈現著。

顯有供品所欲紛陳此

「顯」：爲外在器物世界，大地也不是我們看到的泥土高山，山河大地變化成爲金銀珠寶所形成的無量宮殿。

「有」：是三有生命，爲三有輪迴六道眾生，轉變成爲勇士勇母。與此中的五肉、五甘露、五妙欲物轉化爲清淨的本智甘露，紛紛交錯陳列著，非常地眾多，所要獻供的物品均淨治而且齊備。

以上準備齊全後，準備要來獻供養。

獻供養的對象

上師本尊札嘰與護衛　十方勝者壇城盡所有

贍洲基主六道冤債客　尤其於我奪壽與盜命
病邪進行阻礙之魑魅　夢境惡相惡徵惡兆類
頑劣八部與神變之主　食物處所錢財冤債主
晦神癲妖男鬼與女鬼　刀魂孤鬼村剎女妖眾

此處獻供養的對象與之前怙主敦珠仁波切所加註的四賓客是相同的賓客，敘述如下：

上師本尊札嘰與護衛　十方勝者壇城盡所有

「三寶恭敬客」：三寶為佛、法、僧。三根本以上師為加持的根本、以本尊為成就的根本、以空行護法爲事業的根本。上師、本尊、空行、護法聖眾爲三寶恭敬客，爲首要的供養聖眾。十方諸佛菩薩、三寶、三根本，爲我要禮敬及供養的對象。

「功德怙主客」：四大部洲、八小部洲，尤以南瞻部洲所在之地祇、具誓護法神、守護神爲主。

瞻洲基主六道冤債客

「六道悲心客」：六道眾生當作我悲心的對象，迎請六道眾生來做我的客人。

尤其於我奪壽與盜命　病邪進行阻礙之魑魅

夢境惡相惡徵惡兆類　頑劣八部與神變之主

食物處所錢財冤債主　晦神癲妖男鬼與女鬼
刀魂孤鬼村剎女妖眾

「冤親債主客」：在修行上諸多不順遂，多數是冤債客進行阻礙，需要還清自己的冤親債業，故於此提出多種冤親債主，如下：

1. 奪壽：因我曾造業，要來奪我壽命者。
2. 病邪：病邪爲製造四百零四種疾病者，如瘟疫等。
3. 魑魅：魑魅魍魎製造障礙及鬼怪邪祟傷害，他們是有生命之故，導致我們惡夢、凶相、惡兆作障。
4. 八部：八部爲魔鬼或惡鬼。

5. 食物處所債主：欠衣食、住處、財物之債業主。

6. 晦神顛妖男女鬼：晦神、顛狂鬼、男鬼、女鬼、夜叉鬼怪邪祟之類，來討命、索債、要錢財物品……等，皆爲冤親債主客，要把這些債業還掉。

以上四賓客皆爲煙供所要供養的對象。

冤親債業時時刻刻都在形成，從飲食（享用食物時）、居住（住屋時）、財物（生計時）而起。巴楚仁波切於「普賢上師言教」內也提到「要努力勤快償還冤親債業」的說法。對於冤親債業的形成，不能說自己完全沒有冤親，沒有欠債，這是不可能的。

就飲食而言：喝一碗茶時，這茶葉是如何形成？因是什麼？緣是什麼？從茶種下到收成，再進入到眾生之口，這中間有許多蟲蟻及其他生命的消殞，都是冤債的產生。光喝進去的這口茶，就有眾生因此而死亡，而產生許多的冤債在裡面。

就居住而言：租屋未付房錢，或於所居處與人發生金錢上的糾紛之債業等。或為了蓋屋，立地基的傷害，一直到成屋，也會造成眾多生命的殞沒。平時若於住屋內活動，一天之中，也是會有很多生命的消殞，也是冤債的產生。而財物亦是如此，生計過程中的傷害，也會有冤債的產生。

現在特別說明此二句「晦神癲妖男鬼與女鬼　刀魂孤鬼村刹女妖眾」。

「晦神」：穢氣之主，為污穢之氣、濁劣之氣、不乾淨之氣，為穢氣本身的散播者。一般物質本身也會帶來穢氣或是煞氣，較常被談到的有：

1. 老舊的物品會帶有穢氣。

2. 修法者有誓言衰損的穢氣。

3. 怨恨的穢氣，彼此互相傷害，因為沒有化解，內心累積了多種怨恨，怨恨本身則會形成煞氣。

4. 煩惱障、所知障、習氣障此三種蓋障，久而久之均會形成不好的氣場與煞氣。

「顛妖」：顛狂鬼，會使人發瘋及精神異常者。

往昔曾發顛倒的願望，誓言衰損的行者，因為這個原因，很容易就變為顛鬼；對於密咒乘禪修士要特別小心，因誓言衰損，很容易變成顛狂鬼，會去傷害眾生，此顛狂鬼製造傷害的方式，就是讓人發瘋，精神異常，導致內心不能平穩安住而錯亂。附帶的酒、菸，也列在此類形裡，因其也是讓人顛狂精神錯亂之物。

「男鬼女鬼」：為對人做傷害的中有眾生。

「刀魂」：為刀劍、意外災害死亡的冤鬼。

「孤鬼」（藏音稱為帖朗）：孤鬼為孤魂野鬼，在伏藏文裡稱「帖朗」為孤鬼。「帖朗」是指行者在世時是修持密乘門的教法，本應先修習顯教經論中的出離心、菩提心、空性正見，及對於佛法的基本理論等，但此行者皆未能好好習修，便直接修持密乘門的教法，比如修寂靜本尊，修安止，觀想生起次第，持誦很多咒語，特別是念誦很多寂靜尊的咒語；但行者本身修行並沒有產生好的菩提心，而直接去修持安止，其內心是非常粗妄未能調伏好的心，當他去世之後，也因為在生前時曾持誦許多的寂靜本尊咒語，所以變成為有神變威力的「帖朗」。

帖朗會經常影響實修的禪修士的本尊觀想，他會假裝變成上師、本尊的樣子，去指示修法之人該如何如何修持，而於此過程中去謀得利益，帖朗會得到很多的供養，而使自己變得好像行者和本尊之間的大使一樣，去欺騙行者，但行者完全不知，以為自己修得非常好。所以在閉關時，無論遇到任何境象或奇特的徵兆，或看到本尊示現了，若不報告上師而自己又不會觀察，以爲自己實修得非常好，這是非常危險的。行者要小心謹慎，好的徵兆出現時，有可能是帖朗孤鬼所化現。所以閉關時，無論發生什麼事，都要和上師或關房導師報告，上師會給予分析及做指示。此時要深信上師言教和關房導師的指導。

就占卜來講，替人占卜或卜卦之人，若心續未成熟，實修關鍵掌握不好，就替人占卜，這是不妥的行爲。坊間有些修行者，看起來有無礙神通，當有些人爲身體不好或是生意上遇到的障礙而前去詢問他們時，這些沒有實修好的修行者會端身正坐，看起來好像進入禪定的樣子，告訴詢問者該如何去做，其實他們並未入定，而是在「帖朗」的指示下去做指示。

「帖朗」會使用人和人說話一樣的方式來告訴問事者訊息，因「帖朗」具有有漏的神通，前來問事之人能去的地方，「帖朗」也能前去，故能知道問事者心裡所想的，而透過看起來有神通的人給予指示。「帖朗」也許可以給予暫時的指示，而修行者用此來占卜及做其他事業，使人相信而得到名聲，或許可以指示人暫時得到利益，因都受「帖朗」的幫助及指示。等將來死亡以後，則會被「帖朗」收服去，成爲其眷屬，聽命於他。所以，就算是占卜非常準，也不能冒失地隨便相信。

若爲一有德行者，實修得非常好，有一些成就，也有利益眾生善良的內心，在這種前提下所作的占卜，還是可以相信的。因爲他相信業力因果，會告訴你如何做實修，並教導該如何以解脫爲主要修持。若不是由業力因果來講說，只說有什麼鬼要來傷害，即使占卜再準，也是不可以相信的，相信後也許能暫時得利，但吃虧的還是自己。

行者本身平時念誦、觀想，修持時間久了，禪修有好徵兆出現時，應要「守密」，只能對上師或關房導師說，因爲好的徵兆容易召來「帖朗孤鬼」的傷害。也許行者一開始有本尊賜予加持，但行者對此好徵兆，產生我執及諦執強烈，傲慢心生起，又到處宣說，反而會召來「帖朗孤鬼」。此時「帖朗孤鬼」會賜予更多的加持，而讓行者看到更多奇特的徵兆、好的境相，使行者愈來愈驕傲，而行者本來有本尊力的加持，但因「帖朗孤鬼」而使本尊加持力逐漸消散中，此時反而是「帖朗孤鬼」在加持，而引導到顛倒的道路去，這種情況是常常出現的。所以禪修士有好徵兆，只能跟自己信任的上師或關房導師講，禪修士做報告討論，上師會給予指示。若都沒有可信任的上師或關房導師，就什麼都不要講，繼續地信賴三寶，把自己的法本儀軌專一實修，之後自己清澈及欲求的信心會愈加強烈及堅固，以此方式持續修持。

有人會問，既然「孤鬼」有他心通，好徵兆出現時，就算不說，他們怎會不知道行者想法？要注意一點的是，行者不說出時，就算「孤鬼」知道，他也沒法去傷害行者，但當好徵兆說出去時，加持力會衰損，使「孤鬼」有機可乘，可以從中製造許多的傷害，製造很多神變來欺騙。還有一種，若坦白說出來會召來的障礙，是因爲人言可畏的道理，這也是要小心謹慎的原因。

有時我們坦白地對人說出，反而引起旁人的嫉妒心而形成傷害及障礙。修法的障礙有很多種，以前在西藏，因說出徵兆而形成障礙的事蹟有很多。通常閉關有三種：時間閉關、徵兆閉關、數量閉關。曾有一位閉關行者，閉關時觀想本尊及實修咒語，但卻在閉關第七天即出現成就的徵兆，本尊爲他示現種種境相，還給了灌頂加持；閉關時，應該會有一定量的時間和數量（修持的遍數）上的徵兆顯現，他反而不去管，而才一個星期即出現了徵兆，他就用「徵兆的閉關」來結束閉關。和關房導師報告後，關房導師一看就明白，並告誡他此爲「孤鬼」示現神變讓他看到，他變成本尊來灌頂，而讓行者以爲自己得到成就，關房導師要其將壇城毀掉，另去他處，重起壇城，修法結界重新開始閉關。因爲「孤鬼」的加持已摻雜於內，再怎麼接下去繼續持修，也不會得到成就。所以蓮師告誡：「證悟高高如天空，行持細細如麵粉。」修行者不得不慎之。

修行者獻供養

紅色冤債付予火焚燒　各各內心所欲欲求雨
何時直至虛空安住時　迴向妙欲功德無窮盡
我於三時所積之罪障　種種享用三寶信薦財
願由燒施火供已清淨

「冤債」：指前面所說的討錢財、壽命、住處、衣服食物的冤親債業。

「紅色冤債付予火焚燒」：將冤債當燃物，丟入焚燒窮盡後變成清淨。燃物焚燒後產生煙，再來要做觀想。

「各各內心所欲欲求雨　何時直至虛空安住時　迴向妙欲功德無窮盡」此三句頌文爲獻供養。

償還冤親債業，對於前來索討者，要債給債，要屋給屋，所願之物如大雨降下，各遂其所願。時間是虛空安住之際，所供之物如虛空般無窮盡，五妙欲遍滿虛空，想要得到色、聲、香、味、觸的冤債賓客，無論處於何時何處，迴向給他們，他們皆能得到。自己三時（過去、現在、未來）所造的罪業蓋障，還有享用十方信施的罪障，於此淨煙供中燒毀清淨。

十方信施過失

種種享用三寶信薦財　願由燒施火供已清淨

此處所說有三種享用十方信施的過失：

1. 三寶財：三寶（指寺廟或是僧團），功德主將錢財供養給寺廟或僧團，爲三寶所擁有的物品，是爲僧團所共用的，然而，未經僧團允許，卻被私人或其親友所享用，即是享用三寶財物的過失。

2. 信施財：功德主或業主所供養給廟宇之物，祈求增長順緣，累積財富，祛除逆緣用，信仰心很強烈地供養給團體（僧團或中心），屬於團體所共有，未經僧團允許，但卻爲私人或其親友拿去享用，爲享用團體財富（信施物）的過失。

3. 超薦財：亡者家人供養團體做超度法會用，因是團體助其去修超度法會，此供養爲團體所有，卻被私人挪去所用，即是享用超薦財的過失。

享用十方信施，當然不會只有僧團會發生，密咒乘禪修士也會發生，因爲別人也會做供養，但此供養，爲團體所共用，是爲三寶財、信施財、超薦財，非個人可以使用。

以上三種財物，本應爲僧人及團體用於佛法事業上，在未得團體允許而私用，此稱爲享用十方信施，享用後的蓋障很大，若於無知之下使用尚可原諒，若知其爲十方信施還使用，則會造成很大的蓋障，藉煙供儀軌燒施烈火，將這三種過失造成的冤親債業，燒掉窮盡，而得清淨。我們做的是山淨煙供，但要以火供的道理來修法，方能把這些冤親債業及享用十方信施的罪業消除掉。

煙供與火供

火舌遍滿顯有一一塵　普賢供養雲堆未窮盡

願已周遍勝者全剎土　火舌本智五光供施毫
已遍六道無間處之故　三界輪迴虹身光身解
祈願眾生菩提藏成佛

火舌遍布顯有情器世間，如灰塵那麼多，火舌的尖端放出五色祥光，內有五妙欲的供養，如普賢供雲般廣大無窮盡。先向上供養，供養給十方諸佛菩薩剎土及壇城聖眾，請他們享用；再向下布施，火舌放出五色毫光，要觀想毫光遍照十方，布施給六道眾生，毫光甚至到無間地獄去，讓六道眾生都能夠享用，三界輪迴因此之故而空掉，在三界輪迴裡受苦的眾生都得到解脫，於虹光身中消融，眾生得成就佛果。

大家須明白火供與煙供法的不同，坊間有些論壇將二者相提並論。其實火供與煙供的差別非常大，火供有火供的儀軌，火供裡要修的儀軌和念誦的咒語及供養的物品是配套好，不能有錯亂。煙供是總合的方式，把物品集中在一起修持，沒有像修火供儀軌般，依放置供品的種類而有特定需要配合念誦的咒及經文。所以煙供及火供修法儀軌有極大的差別。

爲什麼稱爲火供呢，因爲要請火神來進行，儀軌開始的時候要修火神，要迎請火神來幫忙做供養，所以儀軌稱爲火供。但煙供燒供養物，沒有請火神，只是放入供物，念誦儀軌，雖然一樣是燒，火供是請火神來幫忙獻供，沒有請火神的則是煙供。

如果看到物品在燃燒的時候有火就稱爲火供，看到有煙就稱爲煙供，是錯誤的；有時即使煙供物燃燒出火來，還是在做煙供而不是火供。

咒語「嗡」「啊」「吽」威力

此時將煙供物點燃，煙供粉於前面已經加持過，放入爐內燃燒做煙供施食。

「嗡」：將不清淨污穢淨除。

「啊」：讓煙供物增長、增廣，遍布虛空無量無邊。

「吽」：物品皆化為清淨甘露。

總體觀想為積資淨障，視行者時間允許，盡力念誦。念「嗡啊吽」三字時，觀想供養給四種賓客，將冤親債業償還。前面總體觀想做完了，若行者有特別所求所願，也可於此處做觀想；像是修法希望自己，或是為了功德主或是某人，希望他們福報增長增廣，疾病邪祟能止息，障礙淨除；或是要出遠門，擔心路上不順利，今日特別修法，念「嗡啊吽」時特別觀想，願能讓出門所行之事，一路上平靜無礙；或是阮囊羞澀，願能發財或是運氣順遂。

禪修士念誦修法儀軌時，或是於實修中，都會有許多不足之處，像咒語欠缺、觀想不足，也可於此處做願求，希望罪障能清淨無礙。所以在修山淨煙供儀軌，於此念誦「嗡啊吽」三字時，除了前面總體觀想完畢後，可另外於此加入特別所求祈願。

迴向及發願

三身清淨器物越宮處　法報化三顯有諸色蘊
融為甘露虹光滿空間　輪迴涅槃無漏甘露萃
迴向無始時來至現在　顯有已成賓客全體眾

之前爲正行，是爲了要達成事業；接下來爲結行，結行是「迴向」、「發願」及「託付事業」三部分。

「越宮」：指無量宮殿，將所形成本智甘露的煙供物品，迴向給顯有情器世間的所有賓客。

眾生因爲對於實相的不瞭解，所以落入於三界六道輪迴中。勝義諦上來說，外器世物間及內有情眾生，皆爲清淨浩瀚的本智本質，天然覺性所顯，爲本智遊戲神變所成；於此其中，沒有不清淨的情器物，禪修士在見地上好好安住，觀想無漏本智廣大無邊，眾生是沒有罪業蓋障的。因此，眾生無明則能消除，以此方式做迴向，威力非常強大。以「無漏本智甘露」迴向情器世間所有賓客。

會落入三界輪迴，是對實相勝義諦的道理不瞭解，實相勝義諦，密咒乘門稱爲「無漏本智甘露」，若能證入此境，則能滅掉輪迴，故希望眾生都能證悟，迴向的作用是封印，故以此迴向作封印。

地道果位功德達究竟　見修行持阻礙盡消除

奇罕普賢尊意空界處　願於童子瓶身達永有

禪修五道十地的功德究竟後達到果位。見地、觀修、行持的所有障礙悉皆消除，五道十地，果位的功德到達究竟。會於奇特殊勝的普賢如來心間（心意）虛空界中成就果位，此心意即童子寶瓶身，希望到達此童子瓶身，永遠都存在的果位。

利益廣大輪迴大海際　願於密嚴蓮花網成佛
蘊界燃物輝采威光熾　白紅覺心燃物樂空熾
空性悲心燃物滿法界　顯有輪涅金剛五光基
敬獻自成圓滿佛燃物　祈願往昔一切習氣消
現下未住相續發露懺　祈願未來不成蓋障輪

輪迴大海成空之際，於密嚴國土蓮華網宮殿中成就佛果，五蘊、十二處、十八界爲輪迴所顯，將顯有不清淨的物質，當成燃燒物燒掉，紅白菩提即是樂空無二本智，希望能得到這樂空無二本智，產生空性及悲心，並遍佈整個法界，顯有（輪迴及涅槃）成爲金剛五光五智（本智所顯）的地基。五智爲：法界體性智、大圓鏡智、平等性智、妙觀察智、成所作智。

煙供物燃燒過後，自成圓滿佛果的供養品都能得到。於此處作發露懺悔：希望過去及現在內心裡沒有債業，將來也不會生起，蓋障的輪子不會再轉動。

別解脱與菩薩及持明　律儀學處密咒誓言類

察或不察衰損發露懺　祈願病邪晦氣不淨淨

祈願病饑刀兵劫止息

對於別解脫戒及菩薩戒及持明戒學處，各種類型的密咒乘門誓言之違犯，無論是已知或未知處，也於此發露懺悔；病魔、穢氣都能清淨；末法之時，災劫將至，人類會滅亡的原因有病劫、饑荒劫、刀兵劫，希望這些都不要發生。

託付事業

帶領邊族入侵中原退　迎接修法上師阻礙退
藏區不吉祥之惡徵退　曜龍王鬼奪命採息退
八種十六極大怖畏退　我等與眷不吉祥類退
誓魔厲鬼勢力威能退

迴向及發願後，則為託付事業。四方動盪不安，仇敵臨門，願能淨除此不平靜之障礙；上師與弟子之間有宿世法緣，上師能講經開示，弟子也能聽聞做實修。因爲若上師說法開示，弟子不做實修，或弟子也不修上師長壽法，四方空行佛母，即銀河外行星系星團星雲的空行母會認爲弟子們不需要上師教導，而四方空行佛母因珍視之故而會將上師請走，請至四方空行佛母處去轉動法輪，所以此處是祈請希望「迎接修法上師阻礙退」，而不要使上師進入涅槃。

此處迎接修法上師阻礙退，則是要將此災難排除。爲使法緣緊密，上師對弟子做指示，弟子要做實修，還要能勤修上師長壽法，請其長久住世弘法，這樣空行母們覺得弟子與上師法緣深厚，才不會有此障礙產生。

各地不吉祥、不好的徵兆、兇險的星曜、鬼怪邪祟傷害，偷盜我們的精氣、八災十六難、冤親債主，種種不吉祥，祈請排除。

誓魔厲鬼勢力威能退

此處是在說明，祈請排除誓言魔及厲鬼的障礙。禪修士誓言衰損，會投生爲魔，名爲誓言魔，會帶著誓言衰損的穢氣。要祛除此種穢氣，則有替死鬼的修法儀軌，能消滅誓言衰損的污穢之氣，使誓言魔不能傷害行者。有一大成就者林烈巴，其弟子沾染誓言衰損者的穢氣，以修此法來退除及迴遮。

迴遮時的動機應如是觀想

觀想右手有日的方便支分，是爲天；左手有月的勝慧支分，是爲地。當雙手互擊時，天崩地裂，於此中間，沒有不遍及之處，自己的仇敵、災難、鬼怪邪崇，被此鋪天蓋地之勢完全覆蓋粉碎。觀想日、月，是因爲天地之間沒有日、月無法遍及之處。

但要思惟，今天要消滅的是仇敵，還是仇敵的瞋恨?因爲仇敵憤怒，才會來對我做傷害，他內心的憤怒不會沒有來由，也不會無中生因，最大的問題，是自己的憤怒招感。你的仇敵會與你之間有障礙，不會毫無原由，有因必有果，今日會得到此果報，要思惟自己也是如是之因，得如是之果。

傷害我的也不會只在此處，凡是虛空所在之處，有眾生就有煩惱，就會有瞋恨傷害，所以障礙、傷害、逆緣、鬼怪邪祟，到處都會出現，天地之間都有，是無處不在的。如果今天欲將之消滅掉，非僅一處一地，而是天地之間，所以觀想右手爲天，左手爲地，能遍及一切，凡位於此中間的仇敵、鬼怪邪祟，皆擊滅粉碎，讓他不會傷害我，但非對仇敵做傷害，而是擊滅仇敵的憤怒。因我內心沒有憤怒，對眾生慈愛，眾生不會對我們生氣，是我們內心的念頭想法導致障礙；究其因，也是在擊滅自己的憤怒。

我們內心很多的念頭及想法，導致障礙產生。到醫院、墳場、不淨處，沾染到穢氣，就覺得許多地方不舒服，認爲鬼怪邪祟傷害，內心不平靜，開始疑東疑西，到中心修法袪除穢氣，做灑淨，此爲粗分的妄念。有粗分的妄念生起時，就有粗分的做法，就是要念誦法本儀軌，要以甘露水灑淨儀式，由外表的儀式而袪除粗分的想法，爲世俗諦的迴遮法。

由此之故，「心經迴遮法」、「獅面空行母迴遮法」，法本裡會有擊掌的部分，是由粗分來講的。世俗的粗分除了有業力因果的因素，究其因，乃爲自己內心未調伏的部分所造成的。內心裡有一個最細分的蓋障，爲「三顯遷移」習氣，若是能滅掉此最細分的蓋障，外在也就沒有障礙了；此最細分的蓋障，是自己的念頭、自己的妄念。要滅掉則要靠方便和勝慧兩個方式，右手的日爲方便支分，左手的月爲勝慧支分，當左右手擊掌時，表示兩個支分齊備，方慧雙運，是爲空性與悲心的精華。

在現證了空慧之下而做的對治，當擊掌的時候思惟，勝義諦的空性裡面有無所緣取的悲心存在，究竟實相義理即空悲雙運，故能滅「三顯遷移」的習氣，是要靠勝義諦的迴遮法。若此習氣滅除，其他粗分的念頭也都不會有，所以不單是擊掌，裡面有世俗諦的迴遮和勝義諦的迴遮的法義在內。

招運法

嗟　虹身金剛法身此運院　五光不滅虹毫明點運
由空行界招四顯光明　請賜虹身大遷轉成就
古魯隱境勇士札嘰洲　天神天女滿四周各處
盼招勝共成就心願運　請賜壽祥福德廣成就
有寂所求堆滿此運院　美飾稚兒招財童子滿

盼招子財心願所求運　請賜美滿財富諸成就
祥酒吉祥箭旗糌粑糰　敬獻三有大神喜供品
上區夜叉五姐招財運　下區湖藥地母賜成就
中區魔精熾火七兄弟　大士善金剛士成心願
請行此處吉祥瑞光燦　純白正法發揚之事業
行止息業具菩提心眾　請行病邪罪障止息事
行增廣業珍寶種姓眾　請賜美滿財富諸成就
行懷攝業蓮花種姓眾　請賜懷攝三界諸成就
行威猛業事業種姓眾　請賜摧滅敵邪力成就
請賜心願實現之成就

在修招運法的時候要知道，是要招請以下三種好運而穿插的一個法，把錢財、飲食、住處等的好運勢招來也是很重要，其內容容易從字面上理解，只要按照著儀軌念誦而做觀想即可。

外在的好運：衣服、食物、錢財、權勢、地位、福報等，所以就有財神法、長壽法，修法招請外在的祥運、好運。

內在的好運：外在的世俗事物是無常變化的，重要的是自己內在的聞思修，透過佛法的學習，聞思修能順利無阻礙就是好運，因爲沒有阻礙，聞思修的地道功德能夠進步、增長增廣。

祕密的好運：爲大圓滿的道路。前述外內的好運講的是總體的實修，但裡面有個更加祕密的好運，若是修大圓滿法，只有兩個不共的道路——元淨堅斷與自成頓超。大圓滿的道次地是四顯，若是在修大圓滿的道路上都能有好運、沒有障礙，就能得到這最究竟的果位，這即是祕密的好運。

前述頌文中「純白正法」是為佛法、善法。主要是獲得四種事業成就：

息：行止息業具菩提心眾　請行病邪罪障止息事。

增：行增廣業珍寶種姓眾　請賜美滿財富諸成就。

懷：行懷攝業蓮花種姓眾　請賜懷攝三界諸成就。

猛：行威猛業事業種姓眾　請賜摧滅敵邪力成就　請賜心願實現之成就。

祈請賜我得到息、增、懷、猛的圓滿成就。

美飾稚兒招財童子滿

每個人的運勢各異，有財富的運勢、人際關係的運勢、男女朋友的運勢、美貌的運勢、珠光寶氣的運勢、子女的運勢，有人有財富卻無暇享用，有人則相反之。所以運勢本身各種各類都有，每個運勢有每位本尊，因本尊往昔願力之故，禪修士本身修法之後，因所求不同，徵兆也會不同。故招運裡各種各類都有，頌文中的「美飾稚兒招財童子滿」，在述說祈請打扮莊嚴又年輕的招財童子時，能使行者擁有年輕、相貌莊嚴，故在此敬獻供養，令求子得子，求女得女。儀軌裡面有招來財富、權勢等。

儀軌裡面所述神名，爲西藏本身湖神、山神、石頭、森林神祇之名。有時候，在求取世間財物方面，他們可以給予很大的幫忙，故將他們名字寫入。

1. 夜叉五姐招財運：爲長壽吉祥五姐妹。
2. 下區湖藥：爲湖神。
3. 地母：爲土地神。

4. 魔精熾火七兄弟：為石頭神。

供神飲

囊養康　金樽已經成為無漏之本智甘露之大海
嗡啊吽　持明根本傳承正上師　善逝總集寂忿浩瀚天
尤其本智空行天聚眾　請享金樽為瑜珈助伴
母怙兄姊曜魔偕眷屬　具誓善杵長壽五仙女
金剛玉燈護教猛翅母　請享金樽為瑜珈助伴
五守舍神庇護九天神　三十高傲將軍父母子
遵命僕眷以及使者眾　請享金樽為瑜珈助伴
持咒我之家族守衛士　以及此地區基之處主

年月日時值星之天神　請享金樽為瑜珈助伴
三寶本質祥怙上師眾　續部海會三處空行聚
母怙曜杵長壽五仙女　供享讚矣請助願自成

此段是增補上去的，一般行者若無特別修持的護法儀軌，在修山淨煙供時，可以修此護法及守護神的部份。

供金樽的儀軌：是供守護神，爲一個簡略供養守護神，獻金樽的儀軌。此處供守護神，四種賓客都包括在內。「金樽」主要是供守護神，若嚴格來講，應該另有供守護神的修法，如果有另外修供守護神的法，此處就可以不用修。

修行者必須重視護法儀軌的修持。對於應該注意的要點及應如何準備壇城供品，可參考之前出版的《覺醒的明光》一書，書中也有提及家中壇城應該怎樣如法地擺設，及每日如何來獻供養等，在此就不再重述。

修煙供時，將供金樽供養的守護神放在法本裡一起修，方便一起修法。但每個守護神都有自己的儀軌，最好能另外特別修護法儀軌，這樣是最好的。

此法本儀軌裡，護法及守護神都有出現，但護法和守護神是不一樣的，在寫法本時，如果是一種，可以單寫護法，或單寫守護神就好，不會兩個名詞都出現。二者如何分別呢？若有敵人來傷害時，護法神因爲保護佛法誓句，連帶一起保護行者，將敵人趕走。但護法神在趕走外敵時，還有一個保護行者的稱爲守護神（松瑪）。

而守舍神是家裡的守護神（家神）。如果威勢強大，則會跟隨行者出門保護行者，若沒有家神則不用理會。還有一種家神，行者如果常出門不在家，沒有做供養，有可能會傷害行者，在占卜的書裡，也會特別敘述要供養家裡的守護神，以免作障。如果是禪修士常出門在外，在修法的時候，可以觀想此守護神有來，一起享用供品。

守護神大多爲世間神祇，才會像世俗人一樣，有供養時高興，不供養則不高興。法本上的守護神，有的是這些地方及家族的神，像「持咒我之家族守衛士」裡的守衛士，爲家族的守護神，觀想他來就可以。

到此爲止，爲山淨煙供的根本伏藏正文。修法時，修持者若有眾多事要祈請承辦，並祈請協助達成，可以重複念誦並累積次數來祈請。此時可由「宗」開始念誦一直到招運法儀軌前處，反覆念誦三、十一、二十一、一百甚至更多遍。

山淨煙供內容，似起死回生仙丹妙藥，如金剛鑽石、如意寶珠，能滿足所求；凡在家居士、上師、禪修士，沒有不修此法的；在得到外內密成就、累積資糧、消除障礙部分，沒有比山淨煙供法更殊勝、更重要的。修此山淨煙供法是重要也是必要的，山淨煙供詞句易懂，若能瞭解詞意按照詞句做觀想，對於修法上更好，威力效益更加廣大，故務必要重視這個法，努力勤快地做實修。

前面迴向、發願、託付事業都已修完時，接下來爲迴向發願文。

述說功德利益

前面煙供修法供養四賓客，逐項的供養做完之後，會有什麼樣的效益呢？每段頌文之後即有一個說明文句，以此理解而來念誦頌文。比如：我供養上師煙供後，願能證得無生自性；我供養本尊、護法空行等會有什麼效益？在儀軌文句中都有說明效益，之後再接著念誦迴向發願文，至此爲一個儀軌完整的內容。

吽

予上師眾敬獻煙供力　願證無生自性之實相

予本尊眾敬獻煙供力　祝禱二種成就速達成

予空行眾敬獻煙供力　祝禱誓言損碎罪障淨
予護法眾敬獻煙供力　祝禱成就菩提無阻礙
予具誓眾敬獻煙供力　願速度脫教敵誓損眾
予功德賓敬獻煙供力　祝禱護衛聖教為助伴
予基主眾敬獻煙供力　祝禱怨恨我等師徒息
予悲心賓敬獻煙供力　祝禱六道脫離各自苦
予債主賓敬獻煙供力　祝禱生世無數債業償
陳設物質事物此威勢　祈願妙欲功德增無盡
以此廣大供施之加持　願諸有情證悟無二義
讚歎區神基主戰神威　壽福財富權勢受用增
病饑戰亂不順傷害息　祝禱豐收雨調願自成

結行迴向及發願祈福

祝禱勝者因供悅　祝禱具誓尊誓滿

祝禱六道滿所求　祝禱冤債仇恨消

祝禱二糧皆圓滿　祝禱二障習氣淨

祝禱能得二正身　以大布施所成此威勢

願為有情天然成佛果　昔時勝眾尚不令解脫

諸士夫眾願由施解脫　魑魅任眾住此或他來

列於地上或天空皆可　願能常時慈愛有情眾

白晝夜時皆能行正法　以此善行願眾生

圓滿福德智慧糧　福德智慧所形成

純正二身願即得　不染劬勞與勤力
如意寶珠如意樹　能令有情希望滿　心願實現願吉祥

法布施及觀想送賓客

「祝禱勝者因供悅……諸士夫眾願由施解脫」，此處為迴向、發願及祝福賓客們。

前面是「山淨煙供」飲食、財物供養布施，令賓客們都得到，之後為法的布施「魑魅任眾住此或他來　列於地上或天空皆可　願能常時慈愛有情眾　白晝夜時皆能行正法」，此四句為在佛法上告誡他們：善有善報，惡有惡報。設身處地地關愛眾生，我們會想要離苦得樂，其他眾生亦都是如此，所以要好好幫助他們，也不要去傷害其他眾生，要實修佛法。修法者如為一個好的上師、好的證悟者，於此處會再宣講佛法道理，爲這些鬼怪邪祟指示實修道路。

錢財、飲食布施，五妙欲的布施，佛法的布施，於此迴向文念完之後，賓客們都得到了，四賓客都開開心心地離開，高興地各回歸本處。

修至此處爲「山淨煙供」完整的修法次第講解。

3 問答

Q 請問仁波切，書中提到的生起次第是為了對治我們人類的胎生習氣，可以再說明嗎？我們又如何從中得解脫？

A 在經歷死亡的時候，神識會慢慢收攝，最後會出現法性光明；如果有接受過上師的心性直指，明白法性光明本身即是法身，能安住在法性光明上，就不會進入中陰，當然也就不必去投生；直接在法性光明裡安住，能把死亡習氣消滅掉，而所得到的修持成果就是法身成就。

輪迴投生的方式有胎生、卵生、溼生及化生四種，得人身的我們是胎生的方式，生起次第是要用來對治投生方式的教法，是特別針對胎生來開示的生起次第。由此可知只要把生起次第好好地觀修，就可以把投生的習氣滅掉，而不再投生輪迴，這就是對付投生的生起次第教法。

爲什這個生起次第的教法能夠對付胎生呢？因爲胎生的方式主要是透過父母的業

緣投生而在母親的肚子裡形成胞胎，之後出生成爲人；所以方便是佛父、勝慧是佛母，在空性之中由本具的方便勝慧威力，於空性之中出現種子字；種子字等於是胞胎，當由胞胎出現孩子的形象，這就像是由種子字出現本尊，所以好好觀想本尊，神識就不落入輪迴，而是形成本尊，投生的習氣也會滅掉，能得到化身的修持成就。所以按照這樣的方式去觀修，那麼當我們面臨死亡時投生輪迴胎生的習氣就會滅掉，觀修本尊身也是用來清淨投生的習氣。

從死亡到進入中陰及投生的過程，只要依著生起次第的教法，觀想空性而後空悲雙運產生種子字及形成本尊；按照方式觀修，行者面臨死亡時就能滅掉死亡的中陰投生，而能得到法身、報身或化身的成就。唯有透過這樣一個完整的觀想修持，才能有效地對付投生的習氣。

觀修空性是對付死亡的對治法，所以法本內觀空咒，是用來觀修空性並安住在自性成立爲空之中，最後法性光明會出現，而這是用來對付死亡的，在死亡滅掉的當下，就會直接進入法性光明得到解脫成佛，得到法身的成就。假設在這個階段沒有得到解脫，那麼在接下來就會需要藉由空性中的悲心自然浮現而形成的空悲雙運的大悲力量，來對付中陰從而得到報身的成就。因爲種子字是藉由空性跟悲心雙運的力量而形成的，所以如果報身的階段也沒能得到解脫的話，那就要好好地觀想種子字形成本尊身，以觀想本尊身來對付投生習氣而得到化身的成就。

在死亡的第一個階段是法性光明期，是呈現空悲雙運的空性狀態，在此期間成功的話，可以得法身成就；因爲是在空性的空悲雙運狀態中，藉由空分的力量得到法身的成就，靠著悲心的力量得到報身成就，想要成就法身的話，兩者是缺一不可的。

在空悲雙運裡面，空分主要是成就法身，悲心主要是成就報身；靠著空性的力量會得到法身成就，靠著悲心的力量會得到報身的成就，靠著種子字的力量會得到化身的成就；靠著空性會滅掉死亡，靠著悲心會滅掉中陰，靠著空悲雙運形成的種子字會滅掉投生。以上是對治胎卵濕化複雜的生起次第理論的梗概，行者由空性得到法身的成就，由悲心得到報身的成就，由種子字得到化身的成就；也就是用空性對治死亡，用悲心對治中陰，用種子字對治投生。

在圓滿次第的實修中，脈清淨是化身，氣清淨是報身，明點（大明點）清淨是法身；因爲明點清淨之故，能得到法身的果位，同時也一定會圓滿佛身與佛土得報身與化身成就；因爲得到法身的果位時，就會自然地流露出報身與報身的國土，以及化身與化身的國土。究竟的果位法身，本身自然會三身圓滿齊備，三身三土，是身爲佛教徒修持一生所要證得的果位。

我們用比喻來說明三身的情況來幫助大家理解，比方說某一個事物本身就是法身，物品的作用力就是報身，作用力所發揮的效果就是化身；鏡子（法身），照物的作用力（報身），看到鏡中的哭臉而心情差，或看到鏡中的笑臉心情好（化身）。

三身分別有基、道、果的三身。基礎的三身為原有的樣子，任何生命型態包含人，出生的時候是化身，中陰的時候是報身，死亡的時候是法身；死亡時法身，進入中陰時報身，投生後就是化身。如果配合外在事物的話，也有基三身，舉例：天空本身性質是無雲晴空、湛藍而明亮清澈的，此時就是法身；而虛空本身的作用力，可以形成四大種地水火風，此作用力就是天空的報身；四大種形成後的各自顏色與作用和功效，就是天空的化身。以上都是基的階段的三身型態。

如果能針對基的三身理論好好地學習，在道路上實修三身時能夠比較容易得到三身的成就，所以也就有道路的三身。道三身為自心離戲且安住在內心的本質，即是法身——空性；保任在法身空性而進行自修的本尊觀想，本尊身出現時即是報身；當本尊身出現後，心輪出現種子字與咒輪，並且放光加持使自他之罪業蓋障皆淨除而讓內心成熟解脫，引領朝向解脫的道路邁進等，則是屬於化身的部分，以上為道路的三身。

果階段的三身是間接與附帶性而得到的，在充分理解基三身的理論，並且在道三身的部分也努力地依照上師所傳授的口訣或覺性力道的灌頂，努力付諸實修之後，自然就會得到三身的果位；好比我們種下種子後，努力澆水、施肥、除草及努力照料之後自然會得到果實。

Q 請問仁波切在傍晚修煙供時，可以修山淨煙供還是修其他煙供法？

A 山淨煙供白天或晚上都可以修。山淨煙供主要是透過供養四種賓客來得到累積福報，因此從早到晚任何時候修都可以。

Q 請問若是配合護法修法及做晚課是否點煙供就可以，如果早上已修過煙供法，晚上要修什麼煙供法或不需要特別另外念誦煙供法本？

A 因爲煙供物物質本身有它的加持威力而且可以袪除穢氣，所以若只是點煙供粉就有它的威力。若是念誦護法儀軌法本，順著法本內容的念誦與觀想，自然就會變化出各種供品來做供養，所以可以不用另外再念誦煙供儀軌，只專注修護法及做晚課即可。

Q 如果是仁波切加持過的煙供粉或是煙供粉來自聖地處，即使沒有修儀軌也能幫助眾生嗎？

A 是的。因爲已經加持過的或是來自聖地所加持的，在點燃這些煙供物品時即具有物質威力。

Q 請問平時傍晚修煙供給中陰的眾生與做超度的煙供有不同嗎？

A 如果傍晚修煙供給中陰眾生，全部由煙裡化出供品讓他們享用，這是沒有特定供養對象的煙供法。而超度的煙供則是針對某一位亡者做超度法，所以會有很完整的超度修法，幫助其投生西方極樂世界，修法裡要爲超度者的神識進行灌頂與講經和開示，以及指示道路來做完整的修法。

Q 請問在家修山淨煙供，家中的壇城需要準備或特別注意什麼嗎？供神飲樽杯可與護法供杯共用一個嗎？

A 若是初學者，可先不必在意家裡是否該如何設置壇城，只要照著法本念誦就可以；不過做煙供燒火的地方，要注意不要傷害到小生命；當然如果家中已有壇城則會更好。神飲杯與護法杯可共用。

Q 請問若是配合本尊來做煙供應該如何做？

A 首先要看所修的煙供儀軌裡有沒有特別要求本尊，舉例：如果是修咕嚕咕咧儀軌，修圓滿後不必收攝本尊就可以直接接著修煙供法本。但是修持山淨煙供就不同，在自己所修的本尊收攝次第修完後，須自己再觀修自生爲蓮花生大士，之後再起修山淨煙供。另外如：多傑林巴傳承的伏藏煙供法本，儀軌內分爲多個部分段落，有些部分儀軌是不需特定的本尊的生起次第，所以行者可以依照各別需求比如清淨家中晦氣或是招財招運等，選用段落來修持煙供法。

Q 請仁波切再解釋一下關於煙供的法布施部分。煙供的簡軌或廣軌都有法布施的部分，但如果是修持簡易儀軌，只持誦瑪尼咒及觀想大日如來，該如何將法布施融入呢？

A 行者可以在自己內心想一下業力因果，也就是善有善報、惡有惡報、諸惡莫作、眾善奉行，並敦請眾生要按照業力因果的道理，行善不作惡，這就算是法的布施。同時在勸化別人時，自己的心態上也應該抱持著自他都一起努力，依此改進去惡行善，而不是只是叫別人去做而已。

Q 請問仁波切，多傑林巴煙供法和山淨煙供的煙供儀軌都是伏藏法，自修時用中文念誦煙供內容，較能明白法義和隨文觀想，但在持誦咒語和打手印時則念誦藏文。這樣可以嗎？

A 當自己自修持時，從思惟法義的角度而論，當然念中文對大家來說會是比較好的，因為念誦的同時就可以同步思惟法義與觀想；而咒語的部分，無庸至疑的，只能依藏音念誦；如果是在中心參加共修時，則一起念誦藏音較為好。

Q 請問在比較特殊的場所，如醫院等場所，是否最好不要修煙供呢？

A 如果能夠在具足菩提心、利他的前提之下，點燃煙供粉後，先念皈依文、發心文與祈請三寶加持，之後再多持誦蓮師心咒，並且同時在內心觀想煙化成所需要的供品，然後眾生都心滿意足地離開，最後迴向給眾生。如果能夠有這樣的次第去做，不論是幫助眾生，或者幫自己袪除穢氣，相信都會有幫助的。所以若是場地允許，行者是可以修持的。但假設只是點煙，而沒有依照前面所說的這些次第去做的話，有時候只點煙，反而會對眾生造成傷害，所以還是要清楚明白修持次第才好。

Q 之前仁波切曾經教過我們，如果去一些比較不乾淨的地方回家時，進門前先點一些煙供粉幫自己薰一下，然後把煙供爐放屋外再進家門，這樣就可以了嗎？是不是直接透過煙供粉本身的物質威力就可以了呢？

A 有時候我們所講的話，有些人歡喜，也會有些人不歡喜；所以當我們出門在外的時候，有時經過某些地方說某些話的時候，旁邊有些鬼怪邪崇眾生聽到看到，也是會有感到高興或不高興的情形發生，所以會跟著我們或纏著我們，而導致對我們造成一些傷害，或產生不順利的情況，這也是常有的。所以當自己有這種情形發生的時候，就要在屋外用煙供爐點煙供幫自己薰一薰，同時須懷著慈心與悲心觀想煙化成眾生各自所需的物品，然後心滿意足地離開，之後將煙供爐放屋外，這樣做相信對眾生是一定會產生幫助的。

能這樣做會有一些益處產生的，首先是自己的起心動念，所思所想的都是佛法；其次因爲是以利他愛他的想法來做煙供，點煙迴向給眾生，觀想煙化成無量所需的東西，布施給眾生讓眾生感到滿足，自己也會累積廣大的資糧；雖說只是修一個小小的煙供，不但是爲自己累積廣大的福報，同時也很容易幫助自己做到起心動念都在想著佛法，對自己思緒的幫助是很大的。

我們之所以會說煙供能有清淨的效果，是因爲眾生環繞在我們身邊，有可能會對我們造成傷害和障礙。而這些傷害與障礙的產生，往往都是因爲債業的關係，比方說跟我們有冤親債業關係的眾生，當他們口渴了或者是肚子餓了，就會來糾纏，解決之道就是還清這些冤親債業，當這些債業還完了，對我們造成的傷害與障礙也就消失了，此乃煙供能清淨的原理。當然點煙供時是需要觀想的，比方說渴者得水，餓者得食物，思衣者得衣，想房屋者得房屋等，各取所需滿足地離開，這些傷害與障礙也就消除了。而彼此間債業關係又從何而來呢？當然是過去世我們對他們有所虧欠造成的債業關係，所以只要誠心地還清也就好了。

還有就是因爲自己是懷著悲心與慈心做觀修的，所以對自己而言就等於是在實修佛法，並且也讓自己起心動念的內容都是佛法，而且還能爲自己累積廣大的福德資糧，所以做煙供對自己的幫助是很大的。

Q 若是家人出國回台時，不論是進家門或在家門外點煙供粉薰都一樣嗎？

A 這就要看個人的想法了，有的人如果認爲進家門才薰，覺得眾生會跟著進家門的話，那就選擇在門外薰一薰；如果認爲不論在哪裡薰，只要薰一薰之後穢氣就沒有了的話，那麼門裡或門外就沒有差別了。一般而言，修法是依修法者內心的想法而論的。

Q 目前在台灣基於環保的關係，很多的寺廟都不點香而改用觀想的方式，燈也改成點LED燈了，這樣是不是違背了佛所開示的原始初衷呢？另外以這種方式的點香與點燈還有意義嗎？寺廟裡的出家眾自己早上會點香，但是卻不給信眾點香，這不

也是分別心嗎？我們應該如何看待這情形呢？

A 如果考慮到環保的問題，那就隨順寺廟的規定；不過若可以的話就在自己家裡點煙供，當然如果可能的話，點愈多是愈好，若不方便的話，那就點一點點就好。對目前的院方執事而言，出發點是考慮到環保的問題，並非以違背釋迦牟尼佛的教示爲出發點；對我們而言，就是減少了到寺廟裡做煙供的機會而已，那我們就選擇在自己家裡或中心做就好了。

Q 仁波切曾說過龍的日子可以修持龍的供養，那麼在做龍的煙供時，是否需要準備一個專門供龍的煙供爐呢？在購買龍供粉時，需要注意什麼？如果找不到專用的龍供粉時，是否可以用我們平時煙供時所使用的桑煙供粉呢？

A 進行龍煙供是需要非常講究的，要注意的地方很多。首先必須是珍寶製成的煙供爐，龍供尤其非常忌諱含有鐵的成分，因爲鐵的成分會對龍造成傷害；其次龍供粉的藥物成分，我們也無從確認能夠完全避開可能造成對龍或蛇過敏的傷害的成分；另外製粉者的心性脾氣我們也無從得知，如果製粉者本身心性不好，或是脾氣暴燥甚或是個酗酒者，更甚者是個地獄種姓的屠夫等，這些種姓者在製粉時，煙供粉就會沾染到這些不好的業習，因爲龍是很敏感的，所以這也是需要考量到的。因此我們一般就是選擇用牛奶和美麗的花來供養龍，如此就可以避免掉這些問題。

如果一定要做龍煙供的話，那麼就必須尋訪到一位眞正對龍供很瞭解的合格上師，並且他本身對煙供粉的製作過程與藥物成分也要很瞭解才可以，否則寧可只供牛奶和花就好。另外如果想要用龍食子供龍的話，那麼必須一定要選用龍的日子才可以，否則也會對龍造成傷害。如果只是用牛奶和花，就隨時都可以沒有特別的要求。

用花和牛奶供龍時，只要直接放在外面的煙供爐旁，然後持誦龍的咒語，心裡要想：希望龍來享用這些供品並且感到高興，同時也能袪除掉對龍的傷害，最後也要迴向祝福龍。

Q 請問灑淨為什麼要用寶瓶、紅花水與孔雀羽毛？

A 寶瓶和孔雀羽毛，一直以來都是密咒乘門修法傳統上需使用的法器，寶瓶本身有其所具備的特色與條件，使用寶瓶灑淨時，一定要先針對寶瓶修法。在進行一個法本實修時，通常必須準備兩個寶瓶，主尊瓶及事業瓶。譬如說修長壽佛主尊法時，主尊寶瓶觀想爲長壽佛的無量宮殿，是長壽佛安住處；而長壽佛的事業本尊爲馬頭明王，因此事業寶瓶就要觀想爲馬頭明王的無量宮殿，爲馬頭明王安住處，這就是爲什麼密咒乘門行者修法時，需要有兩個寶瓶的原理。不論任何的本尊都一定有此本尊所要推動的事業，因此除了本尊之外還有事業尊。

再者，放在寶瓶裡的水，也是需要透過禪修來給予加持而成為事業本尊的甘露水。如果只是隨意地拿些水，放進一個隨意的瓶子裡，然後就隨意地去灑一灑水，這是不會起任何有效的淨化作用。行者必須要很慎重地先進行觀想與修持事業本尊的相關儀軌，來加持寶瓶中的水，使寶瓶中的水成為具有事業本尊威力的甘露水，如此一來寶瓶水才會具有強大的淨化威力。

譬如：馬頭明王安住在馬頭明王的無量宮殿（事業寶瓶），然後依照法本中修持寶瓶的儀軌修持並念誦馬頭明王的本尊咒語，按照儀軌修持之後，須觀想馬頭明王本尊化為光而融入水中，此時水跟馬頭明王本尊已經是無二差別，此時的瓶中水就已具有驅除鬼怪邪祟的威力與加持的威力了，也就可以用來做為修法灑淨時用的淨水。

密咒乘的修法必須具足四個威力條件：咒語、手印、等持與物質這四種威力，而水跟寶瓶則是屬於物質的威力。這也是為什麼修行者不能隨意拿個瓶或碗裝些水，就當作淨水拿來灑淨。若是事先無修持事業本尊法，即使瓶中的水具有物質的威力，但並無具備事業本尊的威力，因此也是無法發揮淨化灑淨的威力；必須將寶瓶裡面具有物質威力的水，透過儀軌的觀修之後，將禪定的威力、念誦咒語的威力與手印的威力連結構成具足事業本尊修法的威力，這樣的寶瓶甘露水的淨化威力就會很強大。

而之所以在寶瓶上方插著吉祥草，目的是取吉祥的祝福與加持的寓意，希望透過修法能招來祥運，並且所修的法容易達成法的效益。至於孔雀羽毛的部分，因爲有除毒的功效，所以取其除毒的功效，並透過修法達到祛除穢氣及鬼怪邪祟障礙。

寶瓶的瓶子性相與條件爲肚大、底平、能倒水。修法的傳統上是順著瓶子的性相，觀想爲馬頭明王事業本尊的無量宮殿，如果能將寶瓶和事業尊做很好的聯結性則會產生好的緣起，這也是隨意拿個瓶子來使用所不能達到的效果。

Q 請問紅花與冰片的威力和效果又是什麼呢？

A 藏紅花本身是殊勝的物質，它能讓加持力更堅固並且增長與增廣；而冰片則是使加持力不會消失，以及水不會壞掉，不過冰片只需放一點點就可以。

Q 蓮花生大士是四種持明果位的成就者，與息、增、懷、猛事業有關係嗎？

A 蓮花顱鬘力的特色，就是代表具有四種持明證悟成就與息、增、懷、猛四種事業威力都具備；在山淨煙供裡是特別強調蓮花顱鬘力懷攝部分的事業很大，而且不僅僅只是得到四種持明的成就，並且還具足息、增、懷、猛事業威力。四種持明是證悟的威力，而自成持明是最究竟的持明成就；蓮花生大士就是證得最究竟的自成持明的佛果位。

Q 頓超的道路是為精進者所開設的道路，元淨堅斷是為怠惰者所開設的道路嗎？

A 爲什麼說頓超是要給勤快的修持者修持的呢？因爲頓超的修持是需要配合三種坐姿進行的，並且要很勤快地花大力氣去修持；而堅斷是不需要做這些修持的，所以是給比較懈怠者修持的方式。雖說有分爲勤快與懈怠這兩種行者，不過他們都是修持大圓滿教法的利根根器者。

Q 請問法本中的元淨和本淨有什麼不同呢？

A 藏文和法本裡都有元淨跟本淨這兩個語詞，不過這兩個字的意思並不一樣。元淨堅斷，元是開始；本淨的本是本然。覺性本淨，是指覺性本來就存在並且是清淨無染的，不論行者有沒有證悟覺性本貌，覺性本貌都是本然清淨的，因此討論到覺性時都是用本淨。但是當禪修士在談自己的證悟時都是用元淨，因爲自己是經過禪修證悟覺性的清淨本貌，因爲是才剛開始看到，所以是元淨。

現在是談大圓滿的禪修方式，所以是「元淨堅斷」大圓滿的禪修方式。大圓滿的禪修方式，從來都不是對付妄念，而是要保任在我的覺性上面，如果能保任在覺性上面時，妄念就消融了。

Q 觀空咒：嗡梭拔哇　咻達　沙哇　達爾麻　梭拔哇　咻多杭，這觀空咒在山淨煙供裡出現兩次，請問有兩個意思嗎？

A 法本內第一次的觀空咒作用是針對供品，加持供品轉變成爲空性；第二次的觀空咒作用是針對煙供的煙，當煙清淨之後顯現出供養天女。一般觀空咒的咒語解釋，是配合觀修自生本尊與對生本尊時，爲了祛除人我執及法我執，及消除對供品的執著。

為便於閱讀，儀軌請由「【附錄】山淨煙供儀軌」第一頁開始，依頁序左翻閱讀。

【附錄】

山淨煙供儀軌

（修持者須領受上師口傳及指導）

༄༅། །རི་བོ་བསང་མཆོད་ཀྱི་ངག་འདོན་ཁྲིགས་བཀོལ་བཞུགས།།

༄༅།། 立題曰山淨煙供課誦 ||

༄༅། །ཨོཾ་སྭ་སྟི། ལྷ་བཙུན་རིག་འཛིན་སྲོག་སྒྲུབ་ཀྱི་མན་ངག་རི་བོ་བསང་མཆོད་ལག་ཏུ་ལེན་པ་ལ། གཙང་

嗡娑底　實修拉尊持明命修之口訣《山淨煙供》時，

མའི་སྣོད་དམ་ཐབ་ཏུ་བཟང་ཤིང་སྤོས་སྨན་དཀར་མངར་བསང་སྣ་ཕྱེ་མར་སོགས་བཀྲ་ཤིས་པའི་མེར་བསྲེགས་

於乾淨器皿或灶中置良木薰香藥材三白三甜淨煙粉末等，燃以吉祥火，

ཆིང་ཆུ་གཙང་བྲན། ཐོག་མར་སྐྱབས་འགྲོ་ནི།

灑淨水，首先皈依者：

ཨོཾ་ཨཱཿཧཱུྃ༔

嗡啊吽

མཁའ་མཉམ་སྲིད་ཞིའི་སྐྱབས་ཀུན་སྙིང་པོའི་བཅུད༔ དཔང་དྲག་རིག་འཛིན་པདྨ་ཐོད་ཕྲེང་རྩལ༔

等空有寂皈處心要萃༔　懷猛持明蓮花顱鬘力༔

ཁྱེད་སྐུར་སྣང་སྲིད་རྒྱལ་བའི་དཀྱིལ་འཁོར་རྫོགས༔ འགྲོ་ཀུན་སྲིད་ལས་བསྒྲལ་ཕྱིར་སྐྱབས་སུ་མཆི༔

汝身顯有勝者壇城圓༔　度眾脫離三有故皈依༔

ལན་གསུམ།　三次。

སེམས་བསྐྱེད་ནི། 發心者：

གསང་མཆོག་ཡེ་ཤེས་འོད་གསལ་ཐིག་ལེའི་གཞིར༔ འགྲོ་ཀུན་སྒྲིབ་གསུམ་དག་ནས་སྐུ་དང་གསུང་༔
勝密本智光明明點基༔ 有情三障淨於身語意༔

ཐུགས་ཀྱི་ཐིག་ལེར་ལྷུན་གྲུབ་སྣང་བཞིའི་ངང་༔ གཞོན་ནུ་བུམ་སྐུར་གྲོལ་བར་སེམས་བསྐྱེད་དོ༔
明點之中自成四顯狀༔ 童子瓶身解脫發心矣༔

ལན་གསུམ། 三次。

ཡན་ལག་བདུན་པ་ནི། 七支分者：

གཤིས་རིག་མ་བཅོས་གཉུག་མར་ཕྱག་འཚལ་ཞིང་༔ གཏིང་མཐའ་བྲལ་བའི་འོད་གསལ་མཆོད་པ་འབུལ༔
性覺不造本然予頂禮༔ 離底離邊光明獻供養༔

འཁོར་བ་མྱང་འདས་མཉམ་ཉིད་ཀློང་དུ་བཤགས༔ ཀློ་བྲལ་ཆོས་ཟད་ཆེན་པོར་རྗེས་ཡི་རང་༔
輪迴涅槃等性中懺悔༔ 廣大離心法盡予隨喜༔

ལྷུན་གྲུབ་རྫོགས་པ་ཆེན་པོའི་ཆོས་འཁོར་བསྐོར༔ འཁོར་བ་དོང་ནས་སྤྲུགས་པར་གསོལ་བ་འདེབས༔
請轉自成大圓滿法輪༔ 祈請從徹底處斷輪迴༔

འཁོར་གསུམ་དམིགས་མཐའ་བྲལ་བའི་ཕ་མཐར་བསྔོ༔
已離三輪緣際邊迴向༔

བདག་བསྐྱེད་ནི། 自生者：

ཨོཾ་མ་ཧཱ་ཤུནྱ་ཏ་ཛྙཱ་ན་བཛྲ་སྭ་བྷཱ་ཝ་ཨཱཏྨ་ཀོ྅ཧཾ།

嗡瑪哈 修聶達 嘉那 班札 娑巴瓦 耶瑪 果杭

ཀ་དག་ཆོས་སྐུའི་དབྱིངས་ལས་འགག་མེད་རྩལ། པདྨ་ཐོད་ཕྲེང་དཀར་དམར་གཞོན་ཚུལ་མཛེས།

元淨法身法界無滅力 蓮花顱鬘白紅童貌美

མཚན་དཔེའི་གཟི་འབར་རྡོ་རྗེ་ཐོད་པ་བསྣམས། མཛེས་བརྗིད་རྒྱན་དང་ཆ་བྱད་ཡོངས་སུ་རྫོགས།

相好威燦持杵捧顱器 端美衣飾裝扮盡圓滿

དམ་ཡེ་གཉིས་མེད་རྒྱལ་ཀུན་འདུས་པའི་གཟུགས། འཁོར་འདས་ཀུན་གྱི་སྤྱི་དཔལ་ཆེན་པོར་གྱུར།

誓智無二眾勝集會身 已成一切輪涅大總祥

ཨོཾ་ཨཱཿཧཱུྃ༔བཛྲ་གུ་རུ་པདྨ་སིདྡྷི་ཧཱུྃ༔

嗡啊吽班札古魯貝瑪悉地吽

ཞེས་བརྒྱ་རྩ་ཙམ་བཟླ། 誦百數。

དེ་ནས་བསང་རྫས་རྣམས་རཾ་ཡཾ་ཁཾ་གིས་བསང་སྦྱང་། 隨後以囊養康於煙供物行除穢淨治者：

རཾ་ཡཾ་ཁཾ། སྟོང་པའི་ངང་ལས་བསང་རྫས་ཟག་པ་མེད་པའི་ཡེ་ཤེས་ཀྱི་བདུད་རྩི་

囊養康 由空狀態煙供物品無漏本智之甘露

འདོད་ཡོན་རྒྱ་མཚོའི་སྤྲིན་ཕུང་མཁའ་ཁྱབ་ཏུ་འགྲོ་བར་གྱུར།

妙欲大海雲堆已放射遍虛空

ཆོས་ཉིད་རྣམ་དག་རྒྱས། 法性純淨印：

ༀ་སྭ་བྷཱ་ཝ་ཤུདྡྷ་སརྦ་དྷརྨཱཿ སྭ་བྷཱ་ཝ་ཤུདྡྷོ྅ཧཾ།

嗡娑巴瓦 修達 薩爾瓦 達爾瑪 娑巴瓦 修多杭

མ་དག་དྲི་མ་སྦྱངས་ཏེ་སྟོང་པར་གྱུར།

淨治不淨污垢已成空

ནམ་མཁའ་མཛོད་ཀྱི་ཕྱག་རྒྱས། 虛空藏手印：

ན་མཿ སརྦ་ཏ་ཐཱ་ག་ཏ་བྷྱོ་བི་ཤྭ་མུ་ཁེ་བྷྱཿ སརྦ་ཐཱ་ཁཾ་ཨུདྒ་ཏེ་སྥ་ར་ཎ་ཨི་མཾ་ག་ག་ན་ཁཾ་སྭཱ་ཧཱ།

那瑪 薩爾瓦達他嘎達 久宜比秀目克貝 薩爾瓦 達康玉嘎迭

薩帕喇那 宜芒 嘎嘎那康 娑哈

སོ་སོར་ཡིད་མཐུན་འབྱོར་པས་མཁའ་ཁྱབ་གྱུར།

各自稱心財富已遍空

བདུད་རྩི་ཐལ་སྦྱོར་གྱི་ཕྱག་རྒྱས། 甘露合掌手印：

ༀ་བཛྲ་ཨ་མྲྀ་ཏ་ཀུཎྜ་ལི་ཧ་ན་ཧ་ན་ཧཱུྃ་ཕཊ༔

嗡班札阿彌爾達 袞札里 哈那哈那 吽呸

སྡུག་བསྔལ་ཞི་བྱེད་བདུད་རྩི་རྒྱ་མཚོ་གྱུར།

能息痛苦甘露海已成

ཐུགས་ལྡན་འོད་ཀྱི་རྒྱས། 具力光印：

ཨོཾ་ན་མཿ་སརྦ་ཏ་ཐཱ་ག་ཏ་ཨ་ཝ་ལོ་ཀི་ཏེ་ཨོཾ་སམྦྷ་ར་སམྦྷ་ར་ཧཱུྃ།

嗡那瑪薩爾瓦達他嘎達 阿瓦洛吉迭 嗡桑巴喇 桑巴喇 吽

མཆོད་སྦྱིན་ལོངས་སྤྱོད་ཟད་མི་ཤེས་པར་གྱུར།

供施受用未知盡已成

ཡེ་ཤེས་སྐར་མདའི་རྒྱས། 智慧流星印：

ཨོཾ་ཛྙཱ་ན་ཨ་ཝ་ལོ་ཀི་ཏེ་ན་མཿ་ས་མནྟ་རསྨི་བྷཱ་ཝ་ས་མ་ཡ་མ་ཧཱ་མ་ཎི་དུ་རུ་དུ་རུ་ཧྲི་ད་ཡ་ཛྭ་ལ་ནི་ཧཱུྃ།

嗡賈拿阿哇洛吉迭 那瑪薩曼達 瑞咪巴哇 薩瑪雅 瑪哈瑪尼
篤魯篤魯 悉達雅 卓喇尼吽

འཕགས་རྣམས་དགྱེས་ཤིང་མགྲོན་རྣམས་ཚིམ་པར་གྱུར།

聖眾歡欣眾賓已滿足

དབང་སྡུད་འཁོར་ལོའི་རྒྱས། 權攝輪印：

ན་མཿ་ས་མནྟ་བུདྡྷཱ་ནཾ་གྲ་ཧེ་ཤྭ་ར་པྲ་བྷ་ཛྱོ་ཏི་ནི་མ་ཧཱ་ས་མ་ཡ་སྭཱ་ཧཱ།

那瑪薩曼達 不達朗 札嘿秀喇 札貝卓底尼 瑪哈薩瑪雅 娑哈

ཕན་བདེའི་ཕྲིན་ལས་གྲུབ་ལ་དགྱེས་པར་གྱུར།

利樂事業已歡欣成辦

ཞེས་སྔགས་དྲུག་ཕྱག་རྒྱ་དྲུག་གིས་བརླབས་ནས། བསངས་རྫས་བྱིན་གྱིས་བརླབས་པ་ནི།
誦而以六咒六印加持已，隨後加持煙供物者：

ༀ་བཛྲ་ཨ་མྲི་ཏ་ཀུཎྜ་ལི་ཧ་ན་ཧ་ན་ཧཱུྃ་ཕཊ༔
嗡班札阿彌爾達袞札里哈那哈那吽呸

ༀ་སྭ་བྷཱ་ཝ་ཤུདྡྷཿ་སརྦ་དྷརྨཱཿ་སྭ་བྷཱ་ཝ་ཤུདྡྷོ྅ཧཾ།
嗡娑巴瓦修達薩爾瓦達爾瑪娑巴瓦修多杭

བསང་རྫས་ཐམས་ཅད་མི་དམིགས་སྟོང་པ་ཉིད་དུ་གྱུར། སྟོང་པའི་ངང་ལས་ཨ་ལས་རིན་པོ་ཆེའི་སྣོད་
一切煙供無緣已成爲空性　由空狀態啊字化珍貴寶器皿

ཡངས་ཤིང་རྒྱ་ཆེ་བ་རྣམས་ཀྱི་ནང་དུ་ༀ་ཨཿཧཱུྃ༔ ཞུ་བ་ལས་བྱུང་བའི་ལྷ་རྫས་དྲི་བཟང་གི་མཆོད་པ།
寬廣而且極大眾多之內有嗡啊吽融化成天物芳香之供品

རྩི་ཤིང་སྣ་ཚོགས་ཀྱི་དུ་བ། ཞལ་ཟས་སྔོ་མར་གྱི་འོལ་ཀོར། གསུར་གྱི་དུད་སྤྲིན་ཆེན་པོ།
種種草木之燒煙　食物榕糰青灰繞　焦燎燒煙大雲

དུ་བ་ཡེ་ཤེས་ཀྱི་བདུད་རྩི་ས་དང་བར་སྣང་ཐམས་ཅད་ཁྱབ་ཅིང་གཟུགས་སྡུག་པ། སྒྲ་སྙན་པ།
燒煙本智之甘露周遍一切地上天空　形美麗　聲悅耳

དྲི་ཞིམ་པ། རོ་མངར་བ། རེག་བྱ་འཇམ་པ། བཟའ་བས་མི་ཟད་པ། བཏུང་བས་མི་ངོམས་པ།
氣芬芳　味甜美　所觸柔滑　食將未窮盡　飲將常飽足

བགོ་བས་མི་རྡུགས་པ། རི་རྒྱལ་བས་དཔང་མཐོ་བ། རྒྱ་མཚོ་ལས་གཏིང་ཟབ་པ།
穿將未耗盡　較山王高更高　較大海深更深

ཞིང་རྡུལ་བས་གྲངས་མང་བ། ཉི་ཟླ་བས་འོད་གསལ་བ།

較刹塵多更多　較日月亮更亮

རྒྱ་ཆེ་བ་ནམ་མཁའི་མཐའ་དང་མཉམ་པའི་མཆོད་པ།

廣大等同虛空邊際之供品

ནད་པ་གསོ་བའི་སྨན་པ། འཆི་བ་བསླུ་བའི་བདུད་རྩི་ཆེན་པོར་གྱུར།

治癒疾病靈藥　贖回死亡大甘露已成

ༀ་ཨ་ཀཱ་རོ་མུ་ཁཾ་སརྦ་དྷརྨཱ་ཎཱཾ་ཨཱདྱ་ནུཏྤནྣ་ཏོ་ཏྭ་ༀ་ཨཱཿཧཱུྃཿ་ཕཊ་སྭཱ་ཧཱ།

嗡阿嘎洛木康　薩爾瓦達爾瑪朗　阿碟努班那都達　嗡啊吽呸　娑哈

ལན་གསུམ།　三次。

དུ་བ་འདི་ལྷ་མོ་སྐུ་མདོག་སྔོན་མོ་ཞལ་གཅིག་ཕྱག་གཉིས་མ།　གཡས་བདུད་རྩིའི་བུམ་པ་འཛིན་པ།

此濃煙天女身體青色一面有二臂　右手捧持甘露瓶

གཡོན་སྨན་གྱིས་གང་བའི་གཞོང་པ་འཛིན་པ། ཞལ་འཛུམ་བག་གི་མདངས་དང་ལྡན་པ།

左手盆器則盈滿靈藥　臉上充滿微笑神采

གཡས་བུམ་པའི་ནང་ནས་བདུད་རྩི་བྱུང་བས་ས་བདག་ཀླུ་གཉན་འགོ་བའི་ལྷ་ལ་སོགས་པ་ལ་ཁྲུས་བྱས།

右手瓶内溢出甘露以之沐浴地祇龍精五守舍神等眾

སྡིག་སྒྲིབ་ནད་གདོན་ཐམས་ཅད་ཕྱག　རོ་བག་ཐམས་ཅད་བདུད་རྩིས་བཀྲུས་ནས་དག་པར་བྱས།

罪障病邪一切消　一切穢煞已經爲甘露洗淨

གཡོན་གྱི་ནང་ནས་སྨན་དཔག་ཏུ་མེད་པ་ཐུ་ལུ་ལུ་བྱུང་བས། ཀླུ་གཉན་ས་བདག་ཐམས་ཅད་ཀྱི་རྨུགས་པ་

左手之内嘩啦啦流出無量靈藥　故龍精地祇一切眾士昏聵醒

དྲན་ནས་སངས་རྒྱས་ཀྱི་བཀའ་རྗེས་སུ་དྲན་ཏེ་བདག་ལ་ཅི་འདོད་པའི་ཟློང་གྲོགས་བྱེད་པར་གྱུར།
已隨念世尊之教言後做爲我任希求之助伴

སྟོན་པ་ཤཱཀྱ་ཐུབ་པ་ལ་སྲིད་ཞིའི་མགྲོན་རྣམས་ཀྱིས་བསྐོར་བ།
導師釋迦牟尼爲有寂賓客眾圍繞

རྡོ་རྗེ་འཆང་ལ་བཀའ་བརྒྱུད་བླ་མ་རྣམས་ཀྱིས་བསྐོར་བ།
金剛持爲語傳上師眾士圍繞

ཨོ་རྒྱན་པདྨ་འབྱུང་གནས་ལ་གནས་གསུམ་གྱི་དཔའ་བོ་མཁའ་འགྲོ་རྣམས་ཀྱིས་བསྐོར་བ།
鄔堅蓮花生爲三處之勇士與空行眾士圍繞

འཕགས་པ་འཇམ་དཔལ་ལ་ཡོན་ཏན་གྱི་མགྲོན་རྣམས་ཀྱིས་བསྐོར་བ།
聖者文殊爲功德賓客眾士圍繞

སྤྱན་རས་གཟིགས་ལ་སྙིང་རྗེའི་མགྲོན་རྣམས་ཀྱིས་བསྐོར་བ།
觀世音爲悲心賓客眾圍繞

ཕྱག་ན་རྡོ་རྗེ་ལ་བགེགས་རིགས་ལན་ཆགས་ཀྱི་མགྲོན་རྣམས་ཀྱིས་བསྐོར་བར་གྱུར།
金剛手爲邪祟類冤親債主賓客眾圍繞

ན་མཿས་མནྟ་བུདྡྷཱ་ནཾ་གྲ་ཏེ་ཤཱ་ར་པྲ་བྷྲ་ཛྲོཾ་ཏེ་ནེ་མ་ཧཱ་ས་མ་ཡ་སྭཱ་ཧཱ།
那摩不達雅　那摩達瑪雅　那摩桑嘎雅　班札　薩瑪札札

བྷྲཱུྃ༔ རིན་ཆེན་སྣ་ཚོགས་དྭངས་མའི་སྣོད་ཡངས་སུ༔ འཇིག་རྟེན་སྲིད་པའི་འདོད་རྒུ་དམ་ཚིག་རྫས༔
宗　種種珍寶清澈廣器皿༔　世間三有所欲誓言物༔

འབྲུ་གསུམ་ཡེ་ཤེས་བདུད་རྩིར་བྱིན་བརླབས་པས༔ སྣང་སྲིད་མཆོད་པའི་འདོད་རྒུར་འཁྲུགས་པ་འདི༔
三字加持爲本智甘露༔ 顯有供品所欲紛陳此༔

བླ་མ་ཡི་དམ་ཌཱ་ཀི་ཆོས་སྐྱོང་དང༔ ཕྱོགས་བཅུ་རྒྱལ་བའི་དཀྱིལ་འཁོར་ཇི་སྙེད་དང༔
上師本尊札嘰與護衛༔ 十方勝者壇城盡所有༔

འཛམ་གླིང་གཞི་བདག་རིགས་དྲུག་ལན་ཆགས་མགྲོན༔ ཁྱད་པར་བདག་གི་ཚེ་འཕྲོག་སྲོག་རྐུ་ཞིང༔
贍洲基主六道冤債客༔ 尤其於我奪壽與盜命༔

ནད་གདོན་བར་ཆད་རྩོམ་པའི་འབྱུང་པོ་དང༔ རྨི་ལམ་རྟགས་མཚན་ངན་དང་ལྟས་ངན་རིགས༔
病邪進行阻礙之魑魅༔ 夢境惡相惡徵惡兆類༔

སྡེ་བརྒྱད་མ་རུང་ཆོ་འཕྲུལ་བདག་པོ་དང༔ ཟས་དང་གནས་དང་ནོར་གྱི་ལན་ཆགས་ཅན༔
頑劣八部與神變之主༔ 食物處所錢財冤債主༔

གྲིབ་བདག་སྨྱོ་འདྲེ་ཕོ་གཤིན་མོ་གཤིན་དང༔ གྲི་བོ་ཐེ་རང་གྲོང་སྲིན་འདྲེ་མོ་རྣམས༔
晦神癲妖男鬼與女鬼༔ 刀魂孤鬼村刹女妖眾༔

ལན་ཆགས་དམར་པོར་མེ་ལ་འཇལ་ཏེ་བསྲེགས༔ རང་རང་ཡིད་ལ་གང་འདོད་འདོད་རྒུའི་ཆར༔
紅色冤債付予火焚燒༔ 各各內心所欲欲求雨༔

ཇི་སྲིད་ནམ་མཁའ་གནས་ཀྱི་བར་ཉིད་དུ༔ འདོད་པའི་ཡོན་ཏན་ཟད་པ་མེད་པར་བསྔོ༔
何時直至虛空安住時༔ 迴向妙欲功德無窮盡༔

བདག་གིས་དུས་གསུམ་བསགས་པའི་སྡིག་སྒྲིབ་དང༔ དཀོན་མཆོག་དད་གཤིན་དཀོར་ལ་སྤྱད་པ་རྣམས༔
我於三時所積之罪障༔ 種種享用三寶信薦財༔

སྦྱིན་སྲེག་མེ་མཆོད་འདི་ཡིས་དག་གྱུར་ཅིག༔ མེ་ལྕེ་སྣང་སྲིད་གང་བའི་རྡུལ་ཕྲན་རེས༔
願由燒施火供已清淨𝄇 火舌遍滿顯有一一塵𝄇

ཀུན་བཟང་མཆོད་པའི་སྤྲིན་ཕུང་མི་ཟད་པ༔ རྒྱལ་བའི་ཞིང་ཁམས་ཡོངས་ལ་ཁྱབ་གྱུར་ཅིག༔
普賢供養雲堆未窮盡𝄇 願已周遍勝者全剎土𝄇

མེ་ལྕེ་ཡེ་ཤེས་འོད་ལྔའི་མཆོད་སྦྱིན་ཟེར༔ རིགས་དྲུག་མཐར་མེད་གནས་སུ་ཁྱབ་གྱུར་པས༔
火舌本智五光供施毫𝄇 已遍六道無間處之故𝄇

ཁམས་གསུམ་འཁོར་བ་འཇའ་ལུས་འོད་སྐུར་གྲོལ༔ འགྲོ་ཀུན་བྱང་ཆུབ་སྙིང་པོར་སངས་རྒྱས་ཤོག༔
三界輪迴虹身光身解𝄇 祈願眾生菩提藏成佛𝄇

ཨོཾ་ཨཱཿཧཱུྃ༔
嗡啊吽

ཞེས་འབྲུ་གསུམ་བརྒྱ་སྟོང་སོགས་གང་འགྲུབ་མཐར། 盡力誦三種子字百千次等。最後：

སྐུ་གསུམ་དག་པ་སྣོད་ཀྱི་གཞལ་ཡས་སུ༔ ཆོས་ལོངས་སྤྲུལ་གསུམ་སྣང་སྲིད་གཟུགས་ཕུང་རྣམས༔
三身清淨器物越宮處𝄇 法報化三顯有諸色蘊𝄇

བདུད་རྩིར་ཞུ་བས་འཇའ་འོད་བར་སྣང་གང་༔ འཁོར་བ་མྱང་འདས་ཟག་མེད་བདུད་རྩིའི་བཅུད༔
融爲甘露虹光滿空間𝄇 輪迴涅槃無漏甘露萃𝄇

ཐོག་མེད་དུས་ནས་ད་ལྟ་ཡན་ཆད་དུ༔ སྣང་སྲིད་མགྲོན་དུ་གྱུར་པ་ཡོངས་ལ་བསྔོ༔
迴向無始時來至現在𝄇 顯有已成賓客全體眾𝄇

ས་ལམ་འབྲས་བུའི་ཡོན་ཏན་མཐར་ཕྱིན་ཞིང༔ ལྟ་སྒོམ་སྤྱོད་པའི་བར་ཆད་ཀུན་བསལ་ནས༔

地道果位功德達究竟༔ 見修行持阻礙盡消除༔

རྨད་བྱུང་ཀུན་བཟང་ཐུགས་ཀྱི་མཁའ་དབྱིངས་སུ༔ གཞོན་ནུ་བུམ་སྐུར་གདན་སྲིད་ཟིན་པར་ཤོག༔

奇罕普賢尊意空界處༔ 願於童子瓶身達永有༔

འཁོར་བའི་རྒྱ་མཚོ་ཆེན་པོ་སྟོངས་པའི་མཐར༔ འོག་མིན་པདྨ་དྲྭ་བར་སངས་རྒྱས་ཤོག༔

利益廣大輪迴大海際༔ 願於密嚴蓮花網成佛༔

ཕུང་ཁམས་བསྲེགས་རྫས་བཀྲག་མདངས་གཟི་བརྗིད་འབར༔

蘊界燃物輝采威光熾༔

དཀར་དམར་བྱང་སེམས་བསྲེག་རྫས་བདེ་སྟོང་འབར༔ སྟོང་ཉིད་སྙིང་རྗེའི་བསྲེག་རྫས་ཆོས་དབྱིངས་གང༔

白紅覺心燃物樂空熾༔ 空性悲心燃物滿法界༔

སྣང་སྲིད་འཁོར་འདས་རྡོ་རྗེའི་འོད་ལྔའི་གཞིར༔ ལྷུན་གྲུབ་རྫོགས་སངས་རྒྱས་པའི་བསྲེག་རྫས་འབུལ༔

顯有輪涅金剛五光基༔ 敬獻自成圓滿佛燃物༔

སྔོན་གྱི་ལན་ཆགས་ཐམས་ཅད་བྱང་གྱུར་ཅིག༔ ད་ལྟ་རྒྱུད་ལ་མི་གནས་མཐོལ་ལོ་བཤགས༔

祈願往昔一切習氣消༔ 現下未住相續發露懺༔

མ་འོངས་སྒྲིབ་པའི་འཁོར་ལོར་མ་གྱུར་ཅིག༔ སོ་ཐར་བྱང་སེམས་རིག་པ་འཛིན་པ་ཡི༔

祈願未來不成蓋障輪༔ 別解脱與菩薩及持明༔

སྡོམ་བཅས་བསླབ་པ་གསང་སྔགས་དམ་ཚིག་རིགས༔ ཚོར་དང་མ་ཚོར་ཉམས་པ་མཐོལ་ལོ་བཤགས༔

律儀學處密咒誓言類༔ 察或不察衰損發露懺༔

ནད་གདོན་གྲིབ་དང་མི་གཙང་དག་གྱུར་ཅིག༔ ནད་མུག་མཚོན་གྱི་བསྐལ་པ་ཞི་གྱུར་ཅིག༔

祈願病邪晦氣不淨淨༔ 祈願病饑刀兵劫止息༔

མཐའ་མི་དབུས་སུ་འོང་བའི་བསུན་མ་ཟློག༔ ཆོས་མཛད་བླ་མ་གདན་འདྲེན་བར་ཆད་ཟློག༔

帶領邊族入侵中原退༔ 迎接修法上師阻礙退༔

བོད་ཡུལ་བཀྲ་མི་ཤིས་པའི་ལྟས་ངན་ཟློག༔ གཟའ་ཀླུ་རྒྱལ་པོས་སྲོག་དབུགས་བསྡུད་པ་ཟློག༔

瞻洲不吉祥之惡徵退༔ 曜龍王鬼奪命採息退༔

འཇིགས་པ་ཆེན་པོ་བརྒྱད་དང་བཅུ་དྲུག་ཟློག༔ བདག་ཅག་འཁོར་བཅས་བཀྲ་མི་ཤིས་པ་ཟློག༔

八種十六極大怖畏退༔ 我等與眷不吉祥類退༔

དམ་སྲི་འགོང་པོའི་མཐུ་སྟོབས་ནུས་པ་ཟློག༔

誓魔厲鬼勢力威能退༔

གྲངས་གསོག་ཚེ་སྐར་ཡང་། ཧཱུྃ༔ རིན་ཆེན་སྣ་ཚོགས་སོགས་ནས། འབྲུ་གསུམ་གང་མང་དང་། སྐུ་གསུམ་སོགས་ཅི་

積數時又復從「宗種種珍寶」等句起始，多誦三種子字，「三身清淨器物越宮處」

རིགས་མཐར། རྗེས་ནི། གཡང་འགུགས་བྱ་བ་ནི།

至「誓魔厲鬼勢力威能退」任何類，最後結行，招運者：

ཀྱཻ༔ འཇའ་ལུས་རྡོ་རྗེ་ཆོས་སྐུའི་གཡང་ར་འདིར༔ འོད་ལྔ་མ་འགགས་འཇའ་ཟེར་ཐིག་ལེའི་གཡང་༔

嗟　虹身金剛法身此運院༔　五光不滅虹毫明點運༔

སྣང་བཞི་འོད་གསལ་མཁའ་སྤྱོད་དབྱིངས་ནས་ཁུག༔ འཇའ་ལུས་འཕོ་བ་ཆེན་པོའི་དངོས་གྲུབ་སྩོལ༔

由空行界招四顯光明༔ 請賜虹身大遷轉成就༔

གུ་རུའི་སྦས་ཡུལ་དཔའ་བོ་ཌཱ་ཀིའི་གླིང་༔ ཁོར་ཡུག་ཐམས་ཅད་ལྷ་དང་ལྷ་མོས་གང་༔

古魯隱境勇士札嘰洲༔ 天神天女滿四周各處༔

མཆོག་ཐུན་དངོས་གྲུབ་ཅི་བསམ་གཡང་ཁུག་ཅིག༔ ཚེ་དཔལ་བསོད་ནམས་རྒྱས་པའི་དངོས་གྲུབ་སྩོལ༔

盼招勝共成就心願運༔ 請賜壽祥福德廣成就༔

སྲིད་ཞི་འདོད་རྒུར་སྤུངས་པའི་གཡང་ར་འདིར༔ རྒྱན་ལྡན་གཅེས་ཕྲུག་གཞོན་ནུའི་ལྷ་གསོལ་གང་༔

有寂所求堆滿此運院༔ 美飾稚兒招財童子滿༔

བུ་ནོར་ཅི་བསམ་འདོད་རྒུའི་གཡང་ཁུག་ཅིག༔ ཕུན་ཚོགས་དཔལ་འབྱོར་དངོས་གྲུབ་ཐམས་ཅད་སྩོལ༔

盼招子財心願所求運༔ 請賜美滿財富諸成就༔

གཡང་ཆང་བཀྲ་ཤིས་མདའ་དར་ཕྱེ་མར་དང་༔ སྲིད་པའི་ལྷ་ཆེན་དགྱེས་པའི་མཆོད་རྫས་འབུལ༔

祥酒吉祥箭旗糌粑糰༔ 敬獻三有大神喜供品༔

ཕུ་ནས་གནོད་སྦྱིན་མཆེད་ལྔས་ནོར་གཡང་ཁུག༔ མདའ་ནས་མཚོ་སྨན་བརྟན་མས་དངོས་གྲུབ་སྩོལ༔

上區夜叉五姐招財運༔ 下區湖藥地母賜成就༔

བར་ནས་བདུད་བཙན་འབར་བ་སྤུན་བདུན་དང༔ སྐྱེས་མཆོག་རྡོ་རྗེ་ལེགས་པས་བསམ་དོན་སྒྲུབས༔

中區魔精熾火七兄弟༔ 大士善金剛士成心願༔

ཡུལ་ཕྱོགས་འདི་ལ་བཀྲ་ཤིས་དཔལ་འབར་དང་༔ དཀར་པོའི་དམ་ཆོས་དར་བའི་ཕྲིན་ལས་མཛོད༔

請行此處吉祥瑞光燦༔ 純白正法發揚之事業༔

ཞི་བའི་ལས་མཛད་བྱང་སེམས་ལྡན་རྣམས་ཀྱིས༔ ནད་གདོན་སྡིག་སྒྲིབ་ཞི་བའི་ཕྲིན་ལས་མཛོད༔

行止息業具菩提心眾༔ 請行病邪罪障止息事༔

རྒྱས་པའི་ལས་མཛད་རིན་ཆེན་རིགས་རྣམས་ཀྱིས༔ ཚེ་དང་བསོད་ནམས་རྒྱས་པའི་དངོས་གྲུབ་སྩོལ༔

行增廣業珍寶種姓眾༔ 請賜美滿財富諸成就༔

དབང་གི་ལས་མཛད་པདྨ་རིགས་རྣམས་ཀྱིས༔ ཁམས་གསུམ་དབང་དུ་འདུས་པའི་དངོས་གྲུབ་སྩོལ༔

行懷攝業蓮花種姓眾༔ 請賜懷攝三界諸成就༔

དྲག་པོའི་ལས་མཛད་ལས་ཀྱི་རིགས་རྣམས་ཀྱིས༔ དགྲ་བགེགས་ཚར་གཅོད་ནུས་པའི་དངོས་གྲུབ་སྩོལ༔

行威猛業事業種姓眾༔ 請賜摧滅敵邪力成就༔

བསམ་དོན་མ་ལུས་འགྲུབ་པའི་དངོས་གྲུབ་སྩོལ༔

請賜心願實現之成就༔

ཅེས་པའི་གཡང་འགུགས་ཀྱང་ལྷ་བཙུན་ནམ་མཁའ་འཇིགས་མེད་ཀྱིས་སྦྱར་བའོ།

前述招運文，亦係拉尊南開吉美所撰。

གསེར་སྐྱེམས་ནི།

金樽者：

རཾ་ཡཾ་ཁཾ། གསེར་སྐྱེམས་ཟག་པ་མེད་པ་ཡེ་ཤེས་ཀྱི་བདུད་རྩིའི་རྒྱ་མཚོ་ཆེན་པོར་གྱུར། ཨོཾ་ཨཱཿཧཱུྃ

囊養康　金樽已經成爲無漏之本智甘露之大海　嗡啊吽

རིག་འཛིན་རྩ་བརྒྱུད་བླ་མ་དམ་པ་དང་། བདེ་གཤེགས་ཀུན་འདུས་ཞི་ཁྲོ་རབ་འབྱམས་ལྷ།

持明根本傳承正上師　善逝總集寂忿浩瀚天

ཁྱད་པར་ཡེ་ཤེས་མཁའ་འགྲོའི་ལྷ་ཚོགས་རྣམས། གསེར་སྐྱེམས་འདི་བཞེས་རྣལ་འབྱོར་སྲོང་གྲོགས་མཛོད།

尤其本智空行天聚眾　請享金樽爲瑜珈助伴

མ་མགོན་ལྕམ་དྲལ་གཟའ་བདུད་འཁོར་དང་བཅས། དམ་ཅན་རྡོར་ལེགས་ཚེ་རིང་མཆེད་ལྔ་དང་།

母怙兄姊曜魔偕眷屬　具誓善杵長壽五仙女

རྡོ་རྗེ་གཡུ་སྒྲོན་བསྟན་སྲུང་གཤོག་རྒོད་མ། གསེར་སྐྱེམས་འདི་བཞེས་རྣལ་འབྱོར་སྲོང་གྲོགས་མཛོད།

金剛玉燈護教猛翅母　請享金樽爲瑜珈助伴

འགོ་བའི་ལྷ་ལྔ་སྐྱོབས་པའི་ལྷ་དགུ་དང་། དྲེགས་པའི་སྡེ་དཔོན་སུམ་བཅུ་ཡབ་ཡུམ་སྲས།

五守舍神庇護九天神　三十高傲將軍父母子

བཀའ་ཉན་བྲན་གཡོག་མངག་གཞུག་བཅས་པ་རྣམས།

遵命僕眷以及使者眾

གསེར་སྐྱེམས་འདི་བཞེས་རྣལ་འབྱོར་སྲོང་གྲོགས་མཛོད།

請享金樽爲瑜珈助伴

སྔགས་འཆང་བདག་གི་རིགས་ཀྱི་སྲུང་མ་དང་། ས་ཕྱོགས་འདི་ཡི་ཡུལ་གཞིའི་གནས་ཀྱི་བདག

持咒我之家族守衛士　以及此地區基之處主

ལོ་ཟླ་ཞག་དུས་ཚེས་ལ་དབང་པའི་ལྷ། གསེར་སྐྱེམས་འདི་བཞེས་རྣལ་འབྱོར་སྲོང་གྲོགས་མཛོད།

年月日時值星之天神　請享金樽爲瑜珈助伴

མཆོག་གསུམ་ངོ་བོ་དཔལ་མགོན་བླ་མ་དང་། རྒྱུད་སྡེ་རྒྱ་མཚོ་གནས་གསུམ་མཁའ་འགྲོའི་ཚོགས།

三寶本質祥怙上師眾　續部海會三處空行聚

མ་མགོན་གཟའ་རྡོར་ཚེ་རིང་མཆེད་ལྔ་ལ། མཆོད་གསོལ་བསྟོད་དོ་བསམ་དོན་ལྷུན་གྲུབ་མཛོད།

母怙曜杵長壽五仙女　供享讚矣請助願自成

ཧཱུྃ། བླ་མ་རྣམས་ལ་བསང་མཆོད་ཕུལ་བའི་མཐུས། སྐྱེ་མེད་རང་བཞིན་གནས་ལུགས་རྟོགས་པར་ཤོག

吽　予上師眾敬獻煙供力　願證無生自性之實相

ཡི་དམ་རྣམས་ལ་བསང་མཆོད་ཕུལ་བའི་མཐུས། དངོས་གྲུབ་རྣམ་གཉིས་མྱུར་དུ་འགྲུབ་པར་ཤོག

予本尊眾敬獻煙供力　祝禱二種成就速達成

མཁའ་འགྲོ་རྣམས་ལ་བསང་མཆོད་ཕུལ་བའི་མཐུས། དམ་ཚིག་ཉམས་ཆགས་སྡིག་སྒྲིབ་དག་པར་ཤོག

予空行眾敬獻煙供力　祝禱誓言損碎罪障淨

ཆོས་སྐྱོང་རྣམས་ལ་བསང་མཆོད་ཕུལ་བའི་མཐུས། བྱང་ཆུབ་སྒྲུབ་ལ་བར་ཆད་མེད་པར་ཤོག

予護法眾敬獻煙供力　祝禱成就菩提無阻礙

དམ་ཅན་རྣམས་ལ་བསང་མཆོད་ཕུལ་བའི་མཐུས། བསྟན་དགྲ་དམ་ཉམས་མྱུར་དུ་སྒྲོལ་བར་ཤོག

予具誓眾敬獻煙供力　願速度脫教敵誓損眾

ཡོན་ཏན་མགྲོན་ལ་བསང་མཆོད་ཕུལ་བའི་མཐུས། བསྟན་པ་སྲུང་ཞིང་སྐྱོང་གྲོགས་བྱེད་པར་ཤོག

予功德賓敬獻煙供力　祝禱護衛聖教爲助伴

གཞི་བདག་རྣམས་ལ་བསང་མཆོད་ཕུལ་བའི་མཐུས། བདག་ཅག་དཔོན་སློབ་འཁོན་འགྲས་ཞི་བར་ཤོག

予基主眾敬獻煙供力　祝禱怨恨我等師徒息

སྙིང་རྗེའི་མགྲོན་ལ་བསང་མཆོད་ཕུལ་བའི་མཐུས། རིགས་དྲུག་སོ་སོའི་སྡུག་བསྔལ་བྲལ་བར་ཤོག

予悲心賓敬獻煙供力　祝禱六道脫離各自苦

ལན་ཆགས་མགྲོན་ལ་བསང་མཆོད་ཕུལ་བའི་མཐུས། ཚེ་རབས་གྲངས་མེད་ལན་ཆགས་འཁོར་བར་ཤོག

予債主賓敬獻煙供力　祝禱生世無數債業償

རྫས་ཀྱི་དངོས་པོ་བཤམས་པ་འདི་ཡི་མཐུས། འདོད་པའི་ཡོན་ཏན་ཟད་མེད་འཕེལ་བར་ཤོག

陳設物質事物此威勢　祈願妙欲功德增無盡

མཆོད་སྦྱིན་ཆེན་པོ་འདི་ཡི་བྱིན་རླབས་ཀྱིས། སེམས་ཅན་ཐམས་ཅད་གཉིས་མེད་དོན་རྟོགས་ཤོག

以此廣大供施之加持　願諸有情證悟無二義

ཡུལ་ལྷ་གཞི་བདག་དགྲ་ལྷའི་དབུ་འཕང་བསྟོད། ཚེ་བསོད་དཔལ་འབྱོར་མངའ་ཐང་ལོངས་སྤྱོད་འཕེལ།

讚歎區神基主戰神威　壽福財富權勢受用增

ནད་མུག་མཚོན་འཁྲུགས་མི་མཐུན་ཉེར་འཚེ་ཞི། ལོ་ལེགས་ཆར་འབེབས་ཅི་བསམ་ལྷུན་འགྲུབ་ཤོག

病饑戰亂不順傷害息　祝禱豐收雨調願自成

རྒྱལ་བ་མཆོད་པས་མཉེས་གྱུར་ཅིག དམ་ཅན་ཐུགས་དམ་སྐོང་གྱུར་ཅིག

祝禱勝者因供悅　祝禱具誓尊誓滿

རིགས་དྲུག་འདོད་པ་ཚིམས་གྱུར་ཅིག ལན་ཆགས་ཞ་འཁོན་སྦྱང་གྱུར་ཅིག

祝禱六道滿所求　祝禱冤債仇恨消

ཚོགས་གཉིས་ཡོངས་སུ་རྫོགས་གྱུར་ཅིག སྒྲིབ་གཉིས་བག་ཆགས་དག་གྱུར་ཅིག

祝禱二糧皆圓滿　祝禱二障習氣淨

དམ་པ་སྐུ་གཉིས་ཐོབ་གྱུར་ཅིག སྦྱིན་པ་རྒྱ་ཆེན་གྱུར་པ་འདི་ཡི་མཐུས།

祝禱能得二正身　以大布施所成此威勢

འགྲོ་བའི་དོན་དུ་རང་བྱུང་སངས་རྒྱས་ཤོག སྔོན་གྱི་རྒྱལ་བ་རྣམས་ཀྱིས་མ་གྲོལ་བའི།

願爲有情天然成佛果　昔時勝眾尚不令解脫

སྐྱེ་བོའི་ཚོགས་རྣམས་སྦྱིན་པས་གྲོལ་གྱུར་ཅིག འབྱུང་པོ་གང་དག་འདིར་ནི་ལྷགས་གྱུར་ཏམ།

諸士夫眾願由施解脫　魑魅任眾住此或他來

ས་འམ་འོན་ཏེ་བར་སྣང་འགོད་ཀྱང་རུང་། སྐྱེ་རྒུ་རྣམས་ལ་རྟག་ཏུ་བྱམས་བྱེད་ཅིང་།

列於地上或天空皆可　願能常時慈愛有情眾

ཉིན་དང་མཚན་དུ་ཆོས་ལ་སྤྱོད་པར་ཤོག དགེ་བ་འདི་ཡིས་སྐྱེ་བོ་ཀུན།

白晝夜時皆能行正法　以此善行願眾生

བསོད་ནམས་ཡེ་ཤེས་ཚོགས་རྫོགས་ཤིང་། བསོད་ནམས་ཡེ་ཤེས་ལས་བྱུང་བའི།

圓滿福德智慧糧　福德智慧所形成

དམ་པ་སྐུ་གཉིས་ཐོབ་པར་ཤོག འབད་དང་རྩོལ་བས་མ་གོས་པ། ཡིད་བཞིན་ནོར་བུ་དཔག་བསམ་ཤིང་།

純正二身願即得　不染劬勞與勤力　如意寶珠如意樹

སེམས་ཅན་རེ་བ་སྐོང་མཛད་པ། བསམ་པ་འགྲུབ་པའི་བཀྲ་ཤིས་ཤོག

能令有情希望滿　心願實現願吉祥

ཅེས་སོགས་ཤིས་པ་བརྗོད་པས་དགེ་ལེགས་སུ་བྱའོ།

誦前述等吉祥辭故成善好。

འདི་ལ་ཕྱག་ལེན་རྒྱས་བསྡུས་སྣ་ཚོགས་ཞིག་སྣང་བ་ལས། འདིར་ནི་རང་གི་བློ་འདོད་ལྟར་སྤྲོས་པ་བསྡུ་བའི་ངག་འདོན་

此中修法方式見有廣略多種，此者則係依據自己內心所求，歸納繁複而

རྒྱུན་ཁྱེར་དུ་བྲིས་པ་སྡེ་གྲོང་སྔགས་པའི་ཕ་ཇོ་རྒས་གཙང་ལྷ་ནས་སོ།། ||

寫成日常課誦。鄉下咒士老漢嘉納撰。

開示講授：堪祖蘇南給稱仁波切（布薩祖古）

信士張福成 2019 年神變月譯於台灣多傑林巴佛學會

此善迴向老母六道眾

橡樹林文化 ❖❖ 善知識系列 ❖❖ 書目

JB0001	狂喜之後	傑克．康菲爾德◎著	380 元
JB0002	抉擇未來	達賴喇嘛◎著	250 元
JB0003	佛性的遊戲	舒亞．達斯喇嘛◎著	300 元
JB0004	東方大日	邱陽．創巴仁波切◎著	300 元
JB0005	幸福的修煉	達賴喇嘛◎著	230 元
JB0006	與生命相約	一行禪師◎著	240 元
JB0007	森林中的法語	阿姜查◎著	320 元
JB0008	重讀釋迦牟尼	陳兵◎著	320 元
JB0009	你可以不生氣	一行禪師◎著	230 元
JB0010	禪修地圖	達賴喇嘛◎著	280 元
JB0011	你可以不怕死	一行禪師◎著	250 元
JB0012	平靜的第一堂課——觀呼吸	德寶法師 ◎著	260 元
JB0013X	正念的奇蹟	一行禪師◎著	220 元
JB0014X	觀照的奇蹟	一行禪師◎著	220 元
JB0015	阿姜查的禪修世界——戒	阿姜查◎著	220 元
JB0016	阿姜查的禪修世界——定	阿姜查◎著	250 元
JB0017	阿姜查的禪修世界——慧	阿姜查◎著	230 元
JB0018X	遠離四種執著	究給．企千仁波切◎著	280 元
JB0019X	禪者的初心	鈴木俊隆◎著	220 元
JB0020X	心的導引	薩姜．米龐仁波切◎著	240 元
JB0021X	佛陀的聖弟子傳 1	向智長老◎著	240 元
JB0022	佛陀的聖弟子傳 2	向智長老◎著	200 元
JB0023	佛陀的聖弟子傳 3	向智長老◎著	200 元
JB0024	佛陀的聖弟子傳 4	向智長老◎著	260 元
JB0025	正念的四個練習	喜戒禪師◎著	260 元
JB0026	遇見藥師佛	堪千創古仁波切◎著	270 元
JB0027	見佛殺佛	一行禪師◎著	220 元
JB0028	無常	阿姜查◎著	220 元
JB0029	覺悟勇士	邱陽．創巴仁波切◎著	230 元
JB0030	正念之道	向智長老◎著	280 元
JB0031	師父——與阿姜查共處的歲月	保羅．布里特◎著	260 元

JB0032	統御你的世界	薩姜・米龐仁波切◎著	240 元
JB0033	親近釋迦牟尼佛	髻智比丘◎著	430 元
JB0034	藏傳佛教的第一堂課	卡盧仁波切◎著	300 元
JB0035	拙火之樂	圖敦・耶喜喇嘛◎著	280 元
JB0036	心與科學的交會	亞瑟・札炯克◎著	330 元
JB0037	你可以，愛	一行禪師◎著	220 元
JB0038	專注力	B・艾倫・華勒士◎著	250 元
JB0039X	輪迴的故事	堪欽慈誠羅珠◎著	270 元
JB0040	成佛的藍圖	堪千創古仁波切◎著	270 元
JB0041	事情並非總是如此	鈴木俊隆禪師◎著	240 元
JB0042	祈禱的力量	一行禪師◎著	250 元
JB0043	培養慈悲心	圖丹・卻准◎著	320 元
JB0044	當光亮照破黑暗	達賴喇嘛◎著	300 元
JB0045	覺照在當下	優婆夷　紀・那那蓉◎著	300 元
JB0046	大手印暨觀音儀軌修法	卡盧仁波切◎著	340 元
JB0047X	蔣貢康楚閉關手冊	蔣貢康楚羅卓泰耶◎著	260 元
JB0048	開始學習禪修	凱薩琳・麥唐諾◎著	300 元
JB0049	我可以這樣改變人生	堪布慈囊仁波切◎著	250 元
JB0050	不生氣的生活	W. 伐札梅諦◎著	250 元
JB0051	智慧明光：《心經》	堪布慈囊仁波切◎著	250 元
JB0052	一心走路	一行禪師◎著	280 元
JB0054	觀世音菩薩妙明教示	堪布慈囊仁波切◎著	350 元
JB0055	世界心精華寶	貝瑪仁增仁波切◎著	280 元
JB0056	到達心靈的彼岸	堪千・阿貝仁波切◎著	220 元
JB0057	慈心禪	慈濟瓦法師◎著	230 元
JB0058	慈悲與智見	達賴喇嘛◎著	320 元
JB0059	親愛的喇嘛梭巴	喇嘛梭巴仁波切◎著	320 元
JB0060	轉心	蔣康祖古仁波切◎著	260 元
JB0061	遇見上師之後	詹杜固仁波切◎著	320 元
JB0062	白話《菩提道次第廣論》	宗喀巴大師◎著	500 元
JB0063	離死之心	竹慶本樂仁波切◎著	400 元
JB0064	生命真正的力量	一行禪師◎著	280 元
JB0065	夢瑜伽與自然光的修習	南開諾布仁波切◎著	280 元
JB0066	實證佛教導論	呂真觀◎著	500 元

JB0067	最勇敢的女性菩薩——綠度母	堪布慈囊仁波切◎著	350 元
JB0068	建設淨土——《阿彌陀經》禪解	一行禪師◎著	240 元
JB0069	接觸大地—與佛陀的親密對話	一行禪師◎著	220 元
JB0070	安住於清淨自性中	達賴喇嘛◎著	480 元
JB0071/72	菩薩行的祕密【上下冊】	佛子希瓦拉◎著	799 元
JB0073	穿越六道輪迴之旅	德洛達娃多瑪◎著	280 元
JB0074	突破修道上的唯物	邱陽・創巴仁波切◎著	320 元
JB0075	生死的幻覺	白瑪格桑仁波切◎著	380 元
JB0076	如何修觀音	堪布慈囊仁波切◎著	260 元
JB0077	死亡的藝術	波卡仁波切◎著	250 元
JB0078	見之道	根松仁波切◎著	330 元
JB0079	彩虹丹青	祖古・烏金仁波切◎著	340 元
JB0080	我的極樂大願	卓千拉貢仁波切◎著	260 元
JB0081	再捻佛語妙花	祖古・烏金仁波切◎著	250 元
JB0082	進入禪定的第一堂課	德寶法師◎著	300 元
JB0083	藏傳密續的真相	圖敦・耶喜喇嘛◎著	300 元
JB0084	鮮活的覺性	堪千創古仁波切◎著	350 元
JB0085	本智光照	遍智　吉美林巴◎著	380 元
JB0086	普賢王如來祈願文	竹慶本樂仁波切◎著	320 元
JB0087	禪林風雨	果煜法師◎著	360 元
JB0088	不依執修之佛果	敦珠林巴◎著	320 元
JB0089	本智光照—功德寶藏論　密宗分講記	遍智　吉美林巴◎著	340 元
JB0090	三主要道論	堪布慈囊仁波切◎講解	280 元
JB0091	千手千眼觀音齋戒—紐涅的修持法	汪遷仁波切◎著	400 元
JB0092	回到家，我看見真心	一行禪師◎著	220 元
JB0093	愛對了	一行禪師◎著	260 元
JB0094	追求幸福的開始：薩迦法王教你如何修行	尊勝的薩迦法王◎著	300 元
JB0095	次第花開	希阿榮博堪布◎著	350 元
JB0096	楞嚴貫心	果煜法師◎著	380 元
JB0097	心安了，路就開了： 讓《佛說四十二章經》成為你人生的指引	釋悟因◎著	320 元
JB0098	修行不入迷宮	札丘傑仁波切◎著	320 元
JB0099	看自己的心，比看電影精彩	圖敦・耶喜喇嘛◎著	280 元
JB0100	自性光明——法界寶庫論	大遍智　龍欽巴尊者◎著	480 元

JB0101	穿透《心經》：原來，你以為的只是假象	柳道成法師◎著	380 元
JB0102	直顯心之奧秘：大圓滿無二性的殊勝口訣	祖古貝瑪・里沙仁波切◎著	500 元
JB0103	一行禪師講《金剛經》	一行禪師◎著	320 元
JB0104	金錢與權力能帶給你什麼？ 一行禪師談生命真正的快樂	一行禪師◎著	300 元
JB0105	一行禪師談正念工作的奇蹟	一行禪師◎著	280 元
JB0106	大圓滿如幻休息論	大遍智　龍欽巴尊者◎著	320 元
JB0107	覺悟者的臨終贈言：《定日百法》	帕當巴桑傑大師◎著 堪布慈囊仁波切◎講述	300 元
JB0108	放過自己：揭開我執的騙局，找回心的自在	圖敦・耶喜喇嘛◎著	280 元
JB0109	快樂來自心	喇嘛梭巴仁波切◎著	280 元
JB0110	正覺之道・佛子行廣釋	根讓仁波切◎著	550 元
JB0111	中觀勝義諦	果煜法師◎著	500 元
JB0112	觀修藥師佛——祈請藥師佛，能解決你的困頓不安，感受身心療癒的奇蹟	堪千創古仁波切◎著	450 元
JB0113	與阿姜查共處的歲月	保羅・布里特◎著	300 元
JB0114	正念的四個練習	喜戒禪師◎著	300 元
JB0115	揭開身心的奧秘：阿毗達摩怎麼說？	善戒禪師◎著	420 元
JB0116	一行禪師講《阿彌陀經》	一行禪師◎著	260 元
JB0117	一生吉祥的三十八個祕訣	四明智廣◎著	350 元
JB0118	狂智	邱陽創巴仁波切◎著	380 元
JB0119	療癒身心的十種想——兼行「止禪」與「觀禪」的實用指引，醫治無明、洞見無常的妙方	德寶法師◎著	320 元
JB0120	覺醒的明光	堪祖蘇南給稱仁波切◎著	350 元
JB0122	正念的奇蹟（電影封面紀念版）	一行禪師◎著	250 元
JB0123	一行禪師　心如一畝田：唯識 50 頌	一行禪師◎著	360 元
JB0124	一行禪師　你可以不生氣：佛陀的情緒處方	一行禪師◎著	250 元
JB0125	三句擊要： 以三句口訣直指大圓滿見地、觀修與行持	巴珠仁波切◎著	300 元
JB0126	六妙門：禪修入門與進階	果煜法師◎著	360 元
JB0127	生死的幻覺	白瑪桑格仁波切◎著	380 元
JB0128	狂野的覺醒	竹慶本樂仁波切◎著	400 元
JB0129	禪修心經——萬物顯現，卻不真實存在	堪祖蘇南給稱仁波切◎著	350 元
JB0130	頂果欽哲法王：《上師相應法》	頂果欽哲法王◎著	320 元

善知識系列　JB0134

除障積福最強大之法——山淨煙供

作　　　者／堪祖蘇南給稱仁波切
口　　　譯／張福成
責 任 編 輯／陳芊卉
特 約 編 輯／胡琡珮
封 面 設 計／兩棵酸梅
內 文 排 版／歐陽碧智
業　　　務／顏宏紋
印　　　刷／中原造像股份有限公司

發　行　人／何飛鵬
事業群總經理／謝至平
總　編　輯／張嘉芳
出　　　版／橡樹林文化
城邦文化事業股份有限公司
115 台北市南港區昆陽街 16 號 4 樓
電話：(02)2500-0888#2738　傳真：(02)2500-1951
發　　　行／英屬蓋曼群島商家庭傳媒股份有限公司城邦分公司
115 台北市南港區昆陽街 16 號 8 樓
客服服務專線：(02)25007718；(02)25007719
24 小時傳眞專線：(02)25001990；25001991
服務時間：週一至週五上午 09:30 ～ 12:00；下午 13:30 ～ 17:00
劃撥帳號：19863813　戶名：書虫股份有限公司
讀者服務信箱：service@readingclub.com.tw
香港發行所／城邦（香港）出版集團有限公司
香港九龍土瓜灣土瓜灣道 86 號順聯工業大廈 6 樓 A 室
電話：(852)25086231　傳眞：(852)25789337
Email: hkcite@biznetvigator.com
馬新發行所／城邦（馬新）出版集團【Cité (M) Sdn.Bhd. (458372 U)】
41, Jalan Radin Anum, Bandar Baru Seri Petaling,
57000 Kuala Lumpur, Malaysia.
電話：(603) 90563833　傳眞：(603) 90576622
Email：services@cite.my

初版一刷／ 2019 年 8 月
初版四刷／ 2024 年 8 月
ISBN ／ 978-986-97998-0-5
定價／ 350 元

城邦讀書花園
www.cite.com.tw

國家圖書館出版品預行編目（CIP）資料

除障積福最強大之法——山淨煙供／堪祖蘇南給稱仁波切作．-- 初版．-- 臺北市：橡樹林文化，城邦文化出版：家庭傳媒城邦分公司發行，2019.08
面；　公分．--（善知識系列；JB0134）
ISBN 978-986-97998-0-5（平裝）

1. 藏傳佛教　2. 佛教儀注

226.964　　108010635

廣　告　回　函
北區郵政管理局登記證
北 台 字 第 10158 號

郵資已付　免貼郵票

115 台北市南港區昆陽街 16 號 4 樓

城邦文化事業股份有限公司

橡樹林出版事業部　收

請沿虛線剪下對折裝訂寄回，謝謝！

|橡|樹|林|

書名：除障積福最強大之法——山淨煙供　書號：JB0134

橡樹林文化
讀者回函卡

感謝您對橡樹林出版社之支持，請將您的建議提供給我們參考與改進；請別忘了給我們一些鼓勵，我們會更加努力，出版好書與您結緣。

姓名：＿＿＿＿＿＿＿＿ □女 □男 生日：西元＿＿＿＿＿年

Email：＿＿＿＿＿＿＿＿＿＿＿＿＿＿

● 您從何處知道此書？

□書店 □書訊 □書評 □報紙 □廣播 □網路 □廣告 DM □親友介紹

□橡樹林電子報 □其他＿＿＿＿＿

● 您以何種方式購買本書？

□誠品書店 □誠品網路書店 □金石堂書店 □金石堂網路書店

□博客來網路書店 □其他＿＿＿＿＿

● 您希望我們未來出版哪一種主題的書？（可複選）

□佛法生活應用 □教理 □實修法門介紹 □大師開示 □大師傳記

□佛教圖解百科 □其他＿＿＿＿＿

● 您對本書的建議：

＿＿＿＿＿＿＿＿＿＿＿＿＿＿＿＿

＿＿＿＿＿＿＿＿＿＿＿＿＿＿＿＿

＿＿＿＿＿＿＿＿＿＿＿＿＿＿＿＿

＿＿＿＿＿＿＿＿＿＿＿＿＿＿＿＿

＿＿＿＿＿＿＿＿＿＿＿＿＿＿＿＿

非常感謝您提供基本資料，基於行銷及客戶管理或其他合於營業登記項目或章程所定業務需要之目的，家庭傳媒集團（即英屬蓋曼群商家庭傳媒股份有限公司城邦分公司、城邦文化事業股分有限公司、書虫股分有限公司、墨刻出版股分有限公司、城邦原創股分有限公司）於本集團之營運期間及地區內，將不定期以 MAIL 訊息發送方式，利用您的個人資料於提供讀者產品相關之消費與活動訊息，如您有依照個資法第三條或其他需服務之業務，得致電本公司客服。

我已經完全瞭解左述內容，並同意本人資料依上述範圍內使用。

＿＿＿＿＿＿＿＿＿＿＿＿（簽名）

處理佛書的方式

佛書內含佛陀的法教，能令我們免於投生惡道，並且爲我們指出解脫之道。因此，我們應當對佛書恭敬，不將它放置於地上、座位或是走道上，也不應跨過。搬運佛書時，要妥善地包好、保護好。放置佛書時，應放在乾淨的高處，與其他一般的物品區分開來。

若是需要處理掉不用的佛書，就必須小心謹慎地將它們燒掉，而不是丟棄在垃圾堆當中。焚燒佛書前，最好先唸一段祈願文或是咒語，例如唵（OM）、啊（AH）、吽（HUNG），然後觀想被焚燒的佛書中的文字融入「啊」字，接著「啊」字融入你自身，之後才開始焚燒。

這些處理方式也同樣適用於佛教藝術品，以及其他宗教教法的文字記錄與藝術品。

ཡི་གེ་ཉི་ཤུ་རྩ་དྲུག་པ་འདི་དཔེ་ཆའི་ནང་དུ་བཞག་ན་དཔེ་ཆ་དེ་ཅི་འདྲར་

བགོམས་ཀྱང་ཉེས་པ་མི་འབྱུང་བར་འཇམ་དཔལ་རྩ་རྒྱུད་ལས་གསུངས་སོ། །

此咒置經書中　可滅誤跨之罪